АРКАДИЙ ДУБИНЧИК

УЙДУ В ИНЫЕ ВРЕМЕНА

(некоторые стихотворения 1980–2010)

ISBN: 979-8-9858179-9-7
Library of Congress Control Number: 2014935016

Мне очень нравятся стихи Аркадия. Но вам, дорогие читатели, учитывая ваш непрезентабельный вкус, эрудицию в рамках церковно-приходской школы и общее интеллектуальное вырождение человечества — они могут и не понравиться. Боюсь, вы не сумеете насладиться тонкими аллюзиями, игрой ума и трогательными движеньями души этого умного, образованного, обладающего прекрасным вкусом, красивого и очень талантливого поэта. Если все это вас не пугает, тогда вперёд к чтению — если вы, конечно, ещё не забыли, как это делается.

Виталий Калашников

Аркадий Дубинчик.
Уйду в иные времена (некоторые стихотворения 1980–2010). 268 с., с илл.
© Аркадий Дубинчик. 1980–2014.
Иллюстрации: Елена Кручкова.
Дизайн обложки: Татьяна Ларионова.
Верстка: Юлия Орлова.

Arkadi Doubintchik.
Ujdu v Inye Vremena (I'll Get Away to Other Times).
Poetry book.

ISBN: 979-8-9858179-9-7
Library of Congress Control Number: 2014935016
Copyright © 2014 by the author. All rights reserved.
Second Edition.
Published in the United States of America by Paul Mostinski,
Philadelphia, PA

Если бы я составлял этот сборник сегодня, он получился бы совсем иным. Признаюсь сразу и честно — за редким исключением представленные стихотворения мне не близки. Они не отражают меня сегодняшнего. Впрочем, так и должно быть.

Вообще, наверное, единственной наградой поэту могут служить лишь те самые Пушкинские пятиминутные «ай да Пушкин, ай да сукин сын!». Сокращение этого периода эйфории может совсем убить стимул писать. А увеличение опять же убивает творчество бронзовелостью. На истину в последней инстанции — не претендую, но это то, во что я искренне верю в данный момент.

К счастью, иногда, перечитывая что-нибудь, удаётся ненадолго поймать то же ощущение. Видимо, в такой момент и была скомпонована эта книжка.

Для тех, кто знает меня, как автора песен — я чётко разделяю для себя стихи и песни. Сюда включены только стихи.

Несмотря на то, что в него вошли и некоторые более поздние стихотворения, сборник получился довольно «ранним». Почему — не знаю, такое настроение было. И, как тогда, в молодости, я ухожу мечтами в иные времена. С горечью понимая невозможность и бессмысленность этого.

Аркадий Дубинчик

Уйду в иные времена,
Безумных чаяний заложник,
И мне иные племена
Воздвигнут жертвенный треножник,

И где-то над иным жильём
Я прослыву творцом и роком...
Но лишь в отечестве своём
Пророку сладко быть пророком.

16 февраля 1987, Москва

ПОИСК ОДИНОЧЕСТВА

Стихи данного раздела интуитивно нащупывают связь между человеческим и творческим. Подобно многим другим текстам Аркадия Дубинчика, они изобилуют раблезианской иронией и самоиронией, однако их отвергшая эвфемизм телесность (как синоним жизненности) нацелена в самые что ни на есть эмпиреи.

Недоверие к истине не означает недоверия к вечности, — внушает нам автор, — а разница между ремеслом и искусством измерима по шкале реального, а не вымышленного страдания. Отсюда и мотив боли, одиночества: но ведь только наедине с самим собой и создается нечто достойное твоего же внимания.

Григорий Марговский

***

Стихи, написанные в электричках,
На перегонах между полустанками,
Они потом читаются при свечках
И кем-то толстым признаются тонкими.

И всё, что вывела рука беспечно,
Тотчас же назовут шедевром звучности,
А то, что сердцем выверено точно,
Кладётся в стол и прячется. До вечности.

10 марта 1985, Москва

***

Пускай философы-подагрики
Жмут истину рукой паучьей...
Поэты дохнут от предательства,
А также от благополучья.

Но было бы грошовой мудростью
Благополучье отрицать,
Бывает у поэтов мужество
Писать и пузом отвисать.

А вот предательство... Предательство —
Поди, попробуй залижи!
Как воспаление предстательной
Недослужившей железы —

Цунами боли! В спину раненый,
Поди, от смерти отогрейся...
Потомков пламенных собрание
Вернёт историю на рельсы.

Пророк с трёхдневною щетиною,
Ладони вынь из бабьих юбок,
Поэт — ребёнок, защити его,
Хотя бы первого июня!

Что ж, эту истину без ретуши
Мы все с рождения жуём.
Но в мире предают поэтов же,
Мы с вами же и предаём.

Что, вонью вдруг запахло, судари?
Ну да, мои стихи – мальчишество.
Что ж, я ещё одним Иудою
Согласен по ветру мочиться.

Пусть кажется вам издевательским
Мой стиль, дурацкий и нетленный,
И мрут поэты от предательства,
Как мухи мрут от репеллента.

18 июня 1986, Москва

***

Могу писать хорошие стихи,
Но вечность продаю за фунт сарделек.
Поэтам так необходим стрихнин
И неуёмный господин Сальери.

Чтоб перед смертью, словно на суде,
Всю прошлую мазню назвав позором,
Поэт создал бы всё-таки шедевр.
А после – вылечился фталазолом*.

4 сентября 1986, Москва

* Фталазол – лекарство от желудочно-кишечных заболеваний

Мне судьбу плетут седые Парки,
Чтоб красивый вышел гобелен,
Но в колёса тупо ставит палки
Стая ненасытных кобелей.

Женщин выбирают торопливо,
Похотливо тащат их в нору.
Я стою тростинкой сиротливой
На холодном и сыром ветру.

Мне обычно не хватает женщин,
Бабы — суки, я же — не кобель.
И тоска зубовная скрежещет,
И из глаз — солёная капель...

Дефицитом ласки изувечен,
Пиво пью в компании трудяг,
Только всё равно талант мой — вечен,
И потомки это — подтвердят!

5 сентября 1986, Москва

Поэзия не возникает сидя,
И в том её единственный порок.
Поэзия — не детище субсидий,
Зелёных улиц и прямых дорог.

Поэзию выкрикивают стоя
Суду сидящих в скудное лицо,
Где из глазниц, хмельное и пустое,
Выглядывает время мертвецов.

Но, чувствуя лицом — глумливых судей,
Лопатками — восторженных кликуш,
Не веришь в мудрость сокрушённых судеб
И вдохновенье отрешённых душ.

Лишь оборвав томительные путы
И устремляясь через времена,
Ты обретёшь хрипящие минуты,
Где истина откроется сполна.

И будет слово вечное — изустным,
И будет кровь — горячей и густой…
Поэзия — стоящее искусство,
Ему рекомендуется застой.

10 февраля 1988, Москва

И мир — как мир, и лица — словно лица,
Да только беспросветно, как в кино.
И так охота песней поделиться,
Что подавиться ей не мудрено.

И дождь — как дождь,
            и вождь — как вождь,
                     и бог с ним.
Пусть моросят, величие храня.
И девушки с отливом купоросным
Прекрасных глаз — не трогают меня.

А песня, брат — совсем другое дело.
Счастливый жребий — песнею дыши.
Ведь песня — есть душа, а даже тело —
Не слишком даже тело без души.

22 марта 1990, Москва

***

Над городом моим туман
Сжал горло тяжкою рукою.
Как хочется сойти с ума
И больше не терять покоя.

Смотреть вперёд на пять шагов
В мир, опалённый пеленою,
И от трёхмерности оков
Уйти в пространство неземное,

Где пропитаться повезло
Сном цвета, запаха и вкуса...
И отступает ремесло.
И начинается искусство.

18 октября 1990, Москва

***

Молчу, приняв поэзию, как дар.
Дни моего молчанья сочтены.
Оно придёт, мгновение, когда
Озноб сдерёт мне кожу со спины,

Виски сожмут ладони миражей,
Комок дыхания замрёт в груди...
И кроме вдохновения уже
Ни истины не будет впереди.

19 октября 1990, Москва

***

В царстве боли не бывает прозы.
Даже если горло сжать в горсти,
Слово, как просыпанное просо,
Прорастёт, но так и не простит

Той руки, что, белизну стирая,
Прошлого с грядущим строя связь,
Обрывает строчку возле края.
А не там, где жизнь оборвалась.

7 февраля 1994, Дюрам

***

Потому что искусство поэзии требует слов,
Я, один из послов (или даже вернее – ослов)
Первосортной державы, хранимой лишь некою матью,
Облетев этот шар вдоль экватора несколько раз
И на нём не найдя подтвержденья единой из фраз,
Обрывая слова, приступаю к объятью.

1 сентября 1995, Москва

***

Над городом, протяжны и угрюмы,
Кричат грачи, предвестники весны.
Былое будоражит наши думы,
Грядущее подтачивает сны...

Но мы — поэты, нас не миллионы,
Мы те, кто ткут связующую нить,
И все людские мудрые законы
К нам просто невозможно применить.

1 августа 1997, Вашингтон

***

Опять судьба творит пророчество
То льдом, то раскалённым горном.
Поэты ищут одиночество,
Как ноту — воспалённым горлом,

И безысходность отражается,
Как зеркалом, пустыми снами,
И возраст смертный приближается
Неотвратимо, как цунами.

1 ноября 2000, Вашингтон

В доме-музее *

Позабывшихся черт проступает сквозь пыль профиль,
На подушке этой окончил жизнь в октябре
Тот, что взял за правило пару «обрёл-пропил»,
День за днём впадая по воле врачей в бред.

Вот и выровнял шаг со скуки не в то царство
Ошалевший герой диссертаций и дневников,
Наилучший пример времени, как лекарства
От одышки, поклонниц, наследников-дураков...

Обязательной экспозиции тур окончен,
Мы выходим на задний двор, опять моросит
Дождь кислотный, навек пропитавший тот шест, где кочет
Голосил ему с утра прощанье Руси,

Недожатых полей, перелесков, стогов, погостов,
Расползавшихся, как патина с замшелых икон...
И внезапно — что думал тогда он — припомнить просто —
Исполин, истощённый эзоповым языком,

Моисей, потерявший народ в пустыне Синая...
Попытаться вам объяснить — суета сует.
Не с моим-то слогом сладить с цветными снами,
Что он видел уже, как лайнер через Суэц,

Проходя сквозь врата, царящие над Стиксом.
Лучше выйдем в ворота музея, где тускл свет,
Чтобы воздух сырой объятьем гортань стиснул.
Вот теперь понятно? Да... И прощенья нет.

30 октября 2001, Вашингтон

---

* Написано для сетевого конкурса с заданием употребить все слова
из определённого списка в стихотворении не более 24 строк.
Все слова употреблены в первых двух четверостишиях.

***

Поэтов масштаба я —
Не то что не дохуя,
А только один такой!
А вам — лишь подать рукой.

Одно лишь скольженье губ-с,
Одно лишь движенье глаз-с...
Одумаетесь, а — упс! —
Всё, поздно... И что тогда-с?

Сорвался из бытия
Тропинкою ножевой...
Поэтов — не дохуя.
Хуейте — пока живой.

20 декабря 2002, Вашингтон

***

Возвращаться к стихам, как убийца — к пятну,
Что не стёр. Или самоубийца — в петлю,
Что опять недомылил. Чтоб гордость, верна,
Отметала сизифов синдром валуна.
Упиваться навзрыд, обжираться строкой,
Как таёжные звери — сливаясь с тропой,
Наблюдая — как скурвился, выцвел, поблек
Твой опять не удавшийся в вечность побег.

15 января 2003, Вашингтон

БАНДЕР-ЛОЖЬ

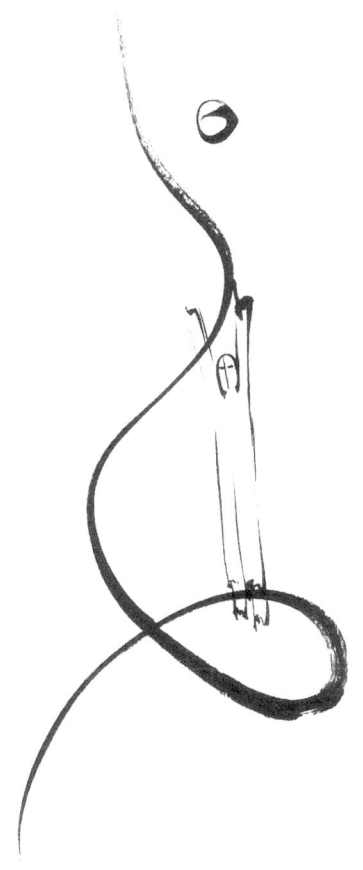

Будучи от природы человеком легкомысленным, всегда с уважением и даже с элементами зависти относился к людям, умеющим облечь серьёзные и глубокие мысли в необременительную для чтения форму.

Чем может ответить поэт на несовершенство мира? Яростным протестом? Жалобами, обращёнными к Создателю? Мелочным тиранством по отношению к близким? Меланхолическая ирония Аркадия Дубинчика представляется мне лучшим ответом.

Игорь Иртеньев

Гамлет

Всё может стать строкою. Даже пыль,
Лежащая у нас под сапогами.
А впрочем, всё напрасно. Даже Гамлет —
Отравленного кубка не испил.

Начну иначе. Для больной души
И золото с золой — единым корнем.
А Гамлет, не желая быть покорным —
Смертельную ошибку совершил.

Нет, всё не так. Король отравлен — ложь!
Отравлен мир, и безобиден кубок.
Офелии так безответны губы,
И... Занавес.

22 июля 1985, Москва

***

Бессмысленно былое ворошить,
Искать ответ в давно ушедших лицах
И на кофейной гуще ворожить
О том, что в принципе могло случиться.

Ты не найдёшь там то, чего искал —
Спокойных истин, видимых во плоде,
Меж пальцев убежавшего песка
И мимо слуха канувших мелодий.

Оставь всё это. Истина одна,
Она беспечна и непогрешима —
Ночной пейзаж из чёрного окна,
Который эта осень завершила.

А правильно лишь то, что суждено —
Смешная суть отвергнутых традиций.
Страданьем будет слово рождено,
Страданию из слова — не родиться.

И, сбросив кровянящее ярмо
Страстей, когда-то всуе непочатых,
Поймёшь, что настоящее само
На прошлое наложит отпечаток.

2 октября 1985, Москва

***

День жёлт, цветами на ковре маня,
А ночь — час скатанных шинелей.
Что — размышления о времени,
Когда — не время размышлений?

А время — памяти и горести
За все ушедшие блаженства,
Раскаянья, нелепой гордости
Непредсказуемого жеста.

Но не осмыслить время жестами
В года измученных Офелий —
Вакханок, траурными жезлами
Овладевающих Орфеем.

Названье времени — мгновение:
Бог свергнут, раб на царство венчан...
Названье времени — безвременье,
Или ему названье — вечность...

А впрочем — дело не в названиях.
Жизнь — время смертных властелинов,
Вновь возводящих на развалинах
Монументальные руины.

Не то чтоб мудростью насытило
Меня прозрение исканий,
И вечность века относительней,
И Троя скрыта под песками,

И машет храм Христа Спасителя
Развалинами на ветру...
Но знай — всего безотносительней
Тот миг, в котором я умру.

29 апреля 1988, Москва

Что жалеть и желать мне — друзей, вакханалий ли, книг ли,
Перекрёстков былых, своего и чужого вранья?
Это вновь сквозь одежду и плоть в моё сердце проникли
Ежегодные гости мои — холода февраля.

И какими стенами смирить амплитуду озноба?
Год пошёл на попятный, свой прошлый виток повторя.
Этой боли залётной, заветной, запретной основа,
Закусив удила, понесли холода февраля.

Прямо в дальнюю даль, прямо в синюю синь, в послезавтра,
Всё пространство застывшего времени перекроя,
И в несчитанный раз я поддался экстазу азарта,
О, коварные слуги мои — холода февраля.

И отнимет отвагу дорога, обманет бумага...
Только я не боюсь возвращенья к усталым ролям.
Срок придёт — всё вернётся на круг, и на плечи мне лягут,
Словно руки заветных друзей, холода февраля.

29 января 1990, Москва

Осенние анналы

«Если выпало в империи родиться...»
И.Бродский

Ни купели, ни палестры, ни погоста —
Столько боли накопили куполами.
Над империей господствует покорство
В отношениях меж всякими полами.

Мерь шагами дорогое пепелище,
Невозвратное, которому и термин
Не находится. И истину отыщешь
Разве только в лупанарии и в термах.

Впрочем, термы суть — притоны проходимцев,
А гетеры — откровение для старцев.
Если выпало в империи родиться —
Тщетны помыслы с империей расстаться.

Есть течения, которых не нарушить
Вброд ли, вплавь ли, на челне ли, на галере...
И империя, царящая снаружи,
Ту, что не снаружи — ставит на колени.

Брось всё это, намешай вино с водою
И возрадуйся цветку или пичуге,
Ведь кинжалу, покорившему ладони,
Не страшны твои осенние кольчуги.

Вот и прожито не больше, чем осталось,
Вот и понято не меньше, чем хотелось.
Несомненно это вспомнится под старость
Словно свойственная юным оголтелость.

Примирись с непреходящею одышкой.
Зубы выпали — пусть, речи не картавы.
По ночам ходи с лояльностью под мышкой
На погромы в христианские кварталы.

Скоро выстроит судьба в колонну по три.
А покамест не иссякло вдохновенье —
Заведи себе юнца с красивой попкой,
Коротай с ним уходящие мгновенья.

Строки сбивчивы в предчувствии финала
И друг другу не находят соответствий,
Ибо все твои печальные анналы —
Пустяки в сравненьи с лучшим из отверстий.

Нет, ещё четыре строчки напоследок
О любви — как в частном случае — о вечном.
Предаваться ей по графику — по средам —
Видно стар — не представляется увечным.

Вновь, бездельник, чти гармонию без денег,
Благодарствуя за то, что не простила...
А историк, ожидающий истерик,
Держит пальцами отточенное стило.

30 сентября 1991, Москва

По расписанию

Ночь. Вокзал. Холодна идея
Смерти. Прельстительна, как Медея,
Бродит луна пространством.
Истомлена, вторую неделю
Жертва мучительно ждёт злодея —
Демимонденка страсти.

Впрочем, напрасно. Сомненью в кубе —
Не разрешиться в какой-то курве,
Даже пусть — постараться,
И покорим мы, что не прокурим.
Блещут в кулинарии куры
Шеи протуберанцем.

Наш разговор — не об этой шее,
Мечены богом не только шельмы,
Тонут — не только в ванне.
Перси богини — не Перси Шелли.
Странно, в бокал наливая шерри-
Бренди, достичь нирваны.

Пить в одиночку — большая подлость,
В годы лишений любую полость
Не тяготят запасы.
Вследствие этого лечь под поезд —
Бред. Да будь ты хоть чёрный пояс —
Станешь рельсовым мясом.

Жить — не лучше. По крайней мере
На сцене — это почти в партере,
Действие без антракта.
Впрочем, если забыть потери,
Прелесть буфета узреть в портере —
Телу будет отрадно.

Кстати, к вопросу об этом теле
(Вернувшись к излюбленной мною теме,
Перо повышает скорость) —
Помнишь, на пляже сливались тени?
Наши предметы, бывшие теми —
Не назывались «корпус».

Даже не важно, как называлось
То, что другим легко раздевалось
И одевалось трудно,
Время, пространство ли раздвигалось
До состоянья, когда и фаллос —
Только подобье трупа.

Впрочем уже, в расписанья сетке,
Поезд движет свои сусеки,
Не опуская фары,
Значит, пора приобщаться к секте,
К коей принадлежат лишь те, кто
Напоминает фаллос.

5 октября 1991, Москва

Танец

Я не знаю — зачем, и кому, и когда, и почём
Этот мир был подарен, как плод первозданного древа,
Где является жертва порой палачу палачом,
Но не в силах противиться страсти иного напева,

Донесённого из глубины невозвратных веков
Дерзновенной зурною иль пламенно-юной гитарой,
И уже не осталось условностей или оков
Для безумного вихря раздевшейся в танце гитаны.

Но когда опадёт оперенье змеящихся рук,
И волос паранжа распадётся на тонкие нити,
И замкнётся какой-то дотоле незамкнутый круг,
И два белых луча перекрестятся в чёрном зените,

И растает земная, а может — небесная — та,
Что казалась нам плотью, и вдруг оказалась эфиром...
Я вдохну пустоту, ибо верю, что та пустота
И является — миром.

20 марта 1995, Москва

Фауст

Не вправе мир предугадать,
Мечусь от упоенья к злобе,
А тот, кому я лишь подобен,
Ждёт, терпеливо ждёт — когда

Безумных слов прервётся нить,
И вновь его наступит сила —
Менять, что неизменным было,
И невозможно изменить.

22 октября 1985, Москва

***

Одиночество бездны —
Твой последний перрон.
Пачкай дочиста, бездарь,
Лист бумаги пером,

На излёте столетий,
Закусив удила,
Много ль поймано в сети
Слов, теснящих дела?

1 октября 1995, Москва

Год Обезьяны 2

Вязким мостиком протянулись двенадцать лет.
Новый волос на пузе вырос — и сразу сед.
Новый голос пришёл, помучил — и с глаз долой.
Источён рутиной завещанный зов — домой,
Ибо дом, как видно – не мне. Сколько их ни строй
Для любой, что уже не любовницей, но сестрой,
Как бы ни был с виду ладен и богоданн —
Отъезжает крыша скорым на Магадан.
Опадают окна на Broadway или Арбат.
Вот подвал — незыблем, но толку-то — не бомбят.
Что ещё? Дорога? Образ из центровых.
И не надо только о мягких волнах травы,
О судьбе, что видишь с высотного ледника,
О призванье, которое — веришь! — наверняка,
О святом лабиринте плазмы, жидкости, труб,
Что пройти — дано!, а дальше — пускай хоть труп.
Я свою — прошёл. По Энгельсу. Через труд.
Вот стою среди глубины истощённых руд,
Притупив окончательно жажду — здесь и сейчас.
Полюбуйся — что ты наделал, ботаник Чарльз...
Я споткнусь о полтинник, брызги, потом круги —
В пятый раз вступая в воды этой реки,
Сквозь шипенье в спину, что логика барахлит.
Мне — змее и рыбе — по фигу Гераклит.
Мне давно — с высокой крыши на Лао Цзы.
Я любой восточной догме — гожусь в отцы.
Мне в любом потоке чудится глубина.
Мне в любой плутовке видится — влюблена.
Но вращается бандерложье веретено,
Бандер-ложе моё бессонно и ледяно,
И двенадцать лет строкою не бортанёшь...
И перо устало выплёвывать бандер-ложь.

9 января 2004, Вашингтон

38

ДОЧЬ

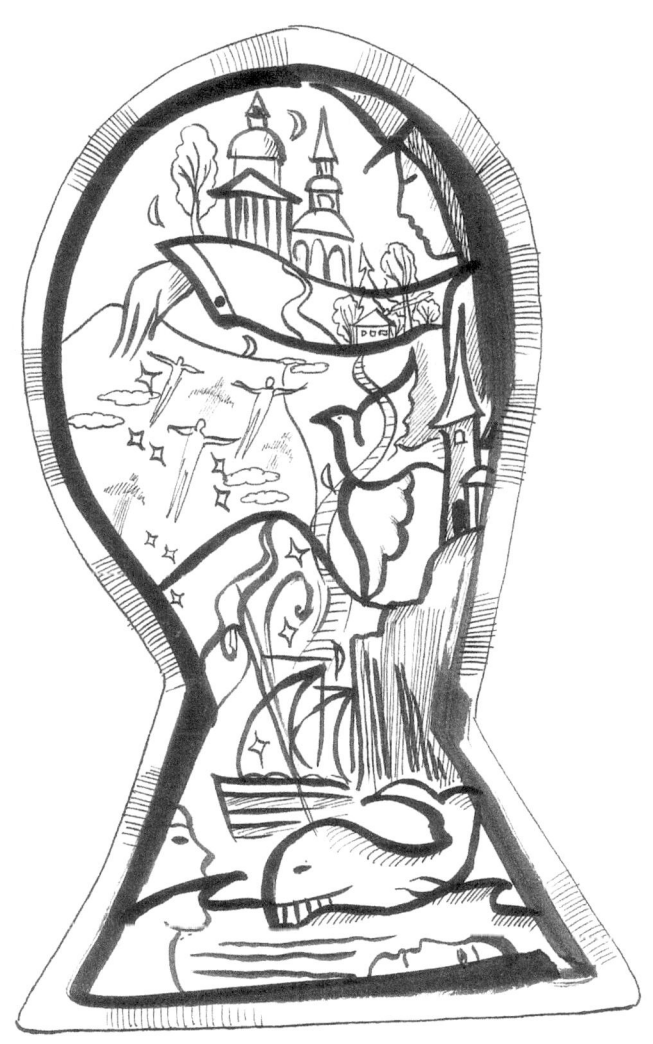

НАСТОЯЩЕЕ ЧУВСТВО ВСЕГДА БЕЗ ВЗАИМНОСТИ

Стихи этого раздела охватывают значительный период жизни автора — от середины восьмидесятых годов до 2007 года. Тема его — мучительная попытка определить своё отношение к покинутой Родине. Мучительная, потому что автор называет её то сестрой, то дочерью, то яростно обличает её («Пейзаж»), то признаётся в неизменной любви, несмотря ни на что («Боже мой, я безумно люблю тебя, Русь. Настоящее чувство — всегда без взаимности»).

Читая эти стихи, вызывающие доверие к автору, вместе с ним проходишь непростой путь, который привёл его к горькому хлебу эмиграции и, несмотря на это, позволил сохранить неразделённую любовь к покинутой Отчизне.

Именно эта предельная искренность стихов Аркадия Дубинчика, их эмоциональный накал вызовут, я надеюсь, отзыв в сердцах читателей.

Александр Городницкий

***

Непоправимое мгновенье
Сквозь все столетия подряд —
Горит святое вдохновенье,
А рукописи — не горят,

Чтоб столько лет жрала да ржала
При свете этого костра
Моя холодная держава —
Не мать, не мачеха. Сестра.

3 ноября 1988, Москва

Крым

Ты ошибся, поэт. Ты ошибся, ошибся, поэт,
Хоть поэт никогда, никогда ошибиться не может.
Ты сказал, что нельзя возвращатья. Что пропуска нет
Через время — служителя самых жестоких таможен.

Что уже не найти ни следа. Не найти ни следа...
Всё покрыто давно пеленой ироничного смеха.
Я не верю тебе! Я вернулся, вернулся сюда.
Я следы отыскал в чистом голосе горного эха.

Ведь единственной нитью, что нам не порвать никогда,
Остаётся — как верная женщина — верная память.
Пусть по серым камням нынче новая мчится вода —
Старый вкус ощутим, к ней прижавшись сухими губами.

И над этою правдой смеяться — не сметь, как не сметь
Новым жёнам дарить старых жён обручальные кольца.
Если память жива, то не в силах молчальница смерть
Для объятий людских расплести свои чёрные косы.

Если даже рыданье с искусанных губ сорвалось
Оттого, что из прошлого болью рвануло по горлу —
Смело плачь, потому, что на свете священнее слёз —
Только кровь, что из тела под пыткою льётся покорно.

И становится телом земли та солёная плоть,
Без которой немыслима жизнь, как без солнца и неба,
И от этого тела моё понесётся тепло
К мириадам миров, где я даже в мечтаниях не был.

Ты ошибся, поэт. Ты ошибся, ошибся, поэт.
Но поэт никогда, никогда ошибиться не может.
Мы должны возвращаться дорогой непрожитых лет
Через век, что тобою и мною единожды прожит.

Мы должны, мы должны целовать эту землю, как хлеб,
И бросать в эти синие волны монеты на счастье.
Если даже умру — я вернусь к этой вечной земле.
Почему? Потому, что всегда мы должны возвращаться!

20 марта 1984, Крым

31 декабря 2000 года

Рувиму Островскому
«Он здесь бывает, но инкогнито.»
«Где отправят вас на похороны века...»
И. Бродский

Кофейня за углом — приют тирана.
У храма — раб блаженствует в лозе,
От сока коей наше фортепьяно
Звучит пронзительней. В кругу друзей,

Собравшихся на похороны века
(Чей креп — лишь усечённый крепдешин) —
Четыре иудея, три эвенка.
Союз народов этих нерушим.

Базар молчит. Подгнивших мандаринов
Вкус приторен. Столь влажность высока,
Что, словно мирро кисти балдахина —
Роняют воду пятна потолка.

Морская гладь туманна и пустынна,
И женщина прекрасна у окна
Настолько, что всех вольностей простынных,
Ей вызванных — не вынесла б она.

Тиран покинул зал. Как милосердно.
Мы не в кофейне. Славный всё равно
Факт, с каковым соседствует усердно
Печальный факт — кончается вино.

Последний тост расплывчат, мудр, но грусти
Не поддаваясь, подведён итог.
Подстанция устала от нагрузки,
Опять мигнула лампочка, и ток

Сгущается. И так охота жить,
Как раб у храма, не читая хартий
Отечества, в котором, если жид —
То уж автоматически пархатый.

19 августа 1988, Москва

***

Жизнь отсвистели соловьи,
Пора расчисливать итог.
Друзья мои, друзья мои,
Храни вас бог, спаси вас бог.

Да хоть не бог, хоть просто бег,
Дай оторваться от погонь.
Прости нас, миг, прости нас, век,
Век казематов и погон,

Что нашу утолял печаль,
Как рай, избранников причал.
Спасибо, век, твоя печать —
Ещё не на моих плечах.

Да, я твой сын, но кончен сон.
Твой смертный шаг неколебим.
Истории усатый сом
Опять всплывает из глубин.

Отряхивается от сна —
Мой век — природа от зимы...
Раз в тридцать лет идёт весна
К нам на шестую часть земли.

И тот закон, неодолим,
Дарит задам то кол, то трон.
Печаль? Печали утолим.
Печать. Печать не ототрём.

Друзья, дай бог вам ясный путь
Сквозь ночь и радостный восход...
А всё ж, в какой реестра пункт
Нас спишет родина в расход?

В какой и из каких больниц
Лекарства нас сожгут дотла?
В какой и из каких бойниц
И чья нас поразит стрела?

Пускай в бреду, в ином году,
В убожестве, не в красоте,
Я всё равно от вас уйду —
По пятьдесят восьмой статье.

12 апреля 1989, Москва

Русь-тройка

С народом вдыхая на равных
Хмельной атмосферный азот,
Лежу, почиваю на лаврах,
А лавры телега везёт.

Российская чудо-телега,
Изъедена времени ржой,
И только калека-коллега
Порой пошевелит вожжой.

Прогнившей вожжой пошевелит —
Российская вечная вонь —
И тихо в душе пожалеет,
Что я не увечней его.

Мой бедный российский товарищ,
Сгоревший Гаврюша-Гаврош,
С тобою ни каши не сваришь,
Ни даже шлеи не сопрёшь.

А впрочем — сопрёшь, не сопрёшь ли,
Утопишь ли радость в вине,
Мы только о прошлом, о прошлом,
Как будто грядущего нет.

Салагой, в строю не стоявшим
Под ветром крутых идиом,
Мы даже своим настоящим
Не только не бредим — бредём.

Всем ясно — без проку бредущим
Иного пути не родить,
Так что нам о светлом грядущем
Надежды в груди городить...

Не завтра ль великую стройку,
Поросшую диким овсом,
В телегу впряжённая тройка
Прочертит кривым колесом...

5 мая 1989 года, Москва

***

Лужи застило льдом. Урны вмёрзли в асфальт.
На стене покосился плакатище «Слава нам!».
Серый пористый снег, словно суперфосфат,
Покрывает поля проштампованным саваном.

Я люблю эту Русь, эту грусть, эту грязь
И весны подступающей мутнопоточие.
Я её не холоп, и уж вовсе не князь,
И она мне не матерью кажется. Дочерью,

Что под утро пришла, закусила губу,
И на кухне молчит, и не просит прощения.
Мне её не судить, как не судят судьбу,
Ибо в детях — единственное воплощение.

Мне подвластны её проходные дворы,
Её детские игры средь мусорных ящиков.
О, как сладки данайские эти дары,
В целой Трое одни лишь они — настоящее

Поле времени. Скопище, капище тем,
С амплитудой от Вовочки и до Горация,
Омут юности, бунт и свобода! Затем —
Связь времён, совершаемая декорацией.

Время сыплет песок. Вот рассвет догорит.
Урны вытаят, съёжатся, свалятся под ноги.
И тогда я, имеющий власть — говорить,
Попытаюсь смолчать. Бесполезные потуги.

Ну, тогда говори, плюй на всё и не трусь,
Доходя в излияньях до пошлой наивности:
Боже мой, я безумно люблю тебя, Русь.
Настоящее чувство — всегда без взаимности.

8 февраля 1990 года, Москва

***

Павлу Когану

«Есть в наших днях такая точность» —
Мой друг, отрадно произнесть.
А в наших днях такая тошность
Была и, к сожаленью, есть,

Что вряд ли новые химеры
Посредством социальных клизм
Вдруг обратят в подобье веры
Наш застарелый атеизм.

23 августа 1988, Москва

***

Благословляю край, что мной любим,
Который тем и дорог мне, пожалуй,
Что дым отечества — не просто дым,
А гарь самосожжения пожарищ.

Да хоть и тем, что всех его Мадонн
С ещё нецело́ванными устами
Насилуют под пыльными кустами
Без этого парижского «па-ардонн...».

15 апреля 1991, Москва

Пейзаж

Ночь. Улица. Фонарь. Аптека.
Обшарпанный сортир-калека.
Калека-бомж, полусатир,
Сей обживающий сортир.

Четыре тощих азиата
В ночном порыве газавата.
Смурная девушка с веслом
За вечным женским ремеслом.

Седой байдарочник-любитель,
В её стремящийся обитель.
Бабулька с пачкою гвоздик.
Устáвно сумрачен и дик,

Сержант, страстей ассенизатор,
Обнявший демократизатор.
Поэт, приверженец невзгод,
Полтинник ищущий за вход.

Вот вся возвышенность и лажа
Того столичного пейзажа,
Что времени девятый вал
На жизни мне намалевал.

15 февраля 1992, Москва

54

***

О, отчизна иных героев,
Средоточье иных забот,
Новый мир, наконец, достроив,
Утирая блаженный пот,

Что ты помнишь о Третьем Риме,
Дерзновенном в своей тоске
Предыдущих быть повторимей,
От грядущих на волоске?

15 июня 1994, Москва

Предвыборная речь

Сейчас скажу — Россия ахнет
(Тевтонцам это не понять) —
Дерьмо родимое не пахнет!
Ну, пахнет... Но не чтоб вонять.

А если даже и воняет,
И липнет, и на вкус горчит,
То всяк, кто это обоняет —
Изрядно с этого торчит.

То есть патриотизм.

31 января 1997, Вашингтон

О, Русь, тобой одною сердце бьётся,
Лишь твой родной пейзаж в моём окне,
Где парубок сивушенный смеётся,
Над девкой изгаляясь на гумне.

Где вечны недостроенные стройки,
Где страсть — в миазмах желез потовых.
Где славы удостоенные строки
Важней любых трагедий бытовых.

1 августа 2002, Вашингтон

Шестой

Не гордись, шестой. Даже ставший пятым.
Даже ставший первым. Барак — не вечен.
Не заслуга рвать языки ягнятам.
Ты поди их выучи человечьим

Не словам хотя бы, а лишь повадкам.
Что, слабо? Тогда, на восторг калекам,
Гоношись над новым своим порядком.
Расставляй фигурки по чёрным клеткам.

Насаждай, волчонок, свои законы.
Распушась хвостом, воцарись над стадом...
Мы — из той когорты, кому знакомы
Все твои уловки. Она устала

От ночных допросов твоих сусальных,
От кликушьей веры в твои святыни...
Нас не надо бить. Мы подпишем сами,
По привычке выправив запятые.

Но когда рассвет роковой чертою
Полоснёт тебя изо всех расселин —
Не ищи нас, спрятанных под Читою,
Верных ложным принципам милосердья.

Не спеши, зверёныш, вилять по-пёсьи.
Не стелись у ног. Не скули, как бездарь.
Нам рукою, сломанной на допросе —
Не сдержать тебя над разверстой бездной.

1 июля 2007, Вашингтон

БЕГСТВО

Тоска по прошлому пространству, с которым связан эмоционально, по его приметам, свойственна многим. Но, наверное, тот, кто воспринимает Слово как судьбу, наиболее остро переживает отрыв от той почвы, где оно произросло, от того воздуха, которым оно дышало. И нотки этой трагедии в самом Слове звучат порой гораздо сильнее, чем в повседневном существовании самого творящего Слово.

Аркадий уехал в Америку, в город Дюрам, что в Северной Каролине, в 1992 году, уехал по семейным обстоятельствам. Возвращался обратно, уехал опять. С тех пор живет в пригороде Вашингтона. И, хотя стихи в этом разделе — о бегстве, в них всё-таки слышна ностальгия по той прошлой России, которую ему пришлось когда-то покинуть.

Павел Шкарин

Бирюльки именные

Я не устал ещё бороться,
Прожил без вызовов и виз бы,
Писал бы что-нибудь, как Бродский,
И пел бы что-нибудь, как Визбор,

Но занесён уже державой
Над судьбами эпохи штамп,
И остаётся — как Коржавин,
Чтобы — не так, как Мандельштам.

28 мая 1989, Москва

Давай с тобой поедем на любом
За горизонт, за дали и за выси,
Поскольку от автобуса любовь
К пространству — совершенно не зависит.

Ведь мы с тобой по множеству примет —
Адепты той распространённой секты,
Кому, как показал эксперимент,
Малы ячейки координатной сетки.

Не оттого ль, за тридевять путей
Бредя, уже ни в чём не виноваты,
Мы, преодолевая власть сетей,
Не обретаем нужной координаты...

14 марта 1991, Москва

***

Нет закона утраты,
Наша кровь — не руда.
Оттого и у трапа
Ты — ещё — не рыдай.

Не рыдай, моя Гайде.
Ни о чём не проси.
Роковая сигара
Поджимает шасси.

Дотерпи напоследок,
Ибо, небо пятня,
Реактивного следа
Не распалась петля.

Без единого звука
Добеги по ножу,
Пока я тебе руку
На плечо положу.

11 ноября 1991, Москва

Бегство

«Ни страны, ни погоста
Не хочу выбирать.»
Иосиф Бродский

1.

И не то чтобы плохи —
Просто не ко двору,
Как на стыках эпохи
Все дары — не к добру,
Мы выходим за теми,
Кто не тронут виной,
Заколоченный терем
Прикрывая спиной.

На ладонях пожитки
Растравляют следы,
И былые ошибки,
Словно капли слюды,
Чуть подплавлены страстью,
Притаившейся близ,
Искривляют пространство
Наподобие линз.

Ты на это не сетуй,
Вечный полуабрам,
Пожелтевшей газетой
Прикрывающий срам,
Какового не имут
Те, кто мчится из врат,
Что и необходимо,
И честнее стократ.

Не захлопну, закрою —
Отвори, отрави...
Если не из-за крови —
Что же это в крови?!
То клокочет, то стонет,
Вороша миражи
Этих истин, что стоят
Много больше, чем жизнь.

5 мая 1992, Москва

2.

От промозглого века
В проходные дворы,
Где слюнями калека
Поправляет вихры,
Где таится, не тая,
Снег, слепящий глаза —
Убегать, не считая
Бегство истину за.

Чтоб уже не рассталось
С тем пространством, мирком,
Где всего и осталось —
Лишь невест, что тайком —
Пусть причин не имея —
Согрешат без причин,
Чтоб прощенье измене
Стыд под старость вручил.

Не найдя протокола
Для грехов и для мицв,
Я пройду, бестолковый,
В ореоле зарниц —
Той последней вечерней,
Или утренней той,
Где поманит кочевьем
Горизонт золотой.

Поднимается парус
Над гружёной ладьёй,
Как мальчишеский фаллос,
Погружённый в ладонь,
Чтобы, прихотью беса,
Позабыв имена —
Снова брызнуло бегство
Город призрачный на.

Достоверно ли? Чуши
Больше той — не стерпи —
Мне, которому лужи
Целовали ступни,
Щёки моросью выбрил
Ветер, ласковый гость...
Я давно уже выбрал
И страну, и погост.

Оттого мне и проще
Предзакатной порой
Пробираться наощупь
Через город-герой,
Оттого и словами
Из измеренных бездн
Я вас благословляю
На бессмысленность бегств.

28 сентября 1993, Дюрам

3.

Восемь по Фаренгейту,
Средоточие бед.
Мёрзнет райское гетто,
Втиснув крылья в хребет,
И с улыбкой уродской
Под холодный глоток
Я рифмую, как Бродский,
Бессловесья поток.

По-московски — забава,
Минус десять едва.
У богов из-за бабы
Не болит голова,
Разве только у Зевсов
При рожденье Афин.
Только мне ротозейство
Спишет мой серафим.

И из этой вот боли,
Судорог, идиом,
Я леплю тебя бодро,
Словно Пигмалион,
Оголтелого тела
Ворожа миражи...
Но такой Галатее —
Никогда не ожить.

Что ж, мусоль эполеты
В дребезжащих руках,
Порываясь в поэты,
Словно шапка в рукав.
Подростковая пытка,
Похоть под паранжой.
Нету в мире напитка
Слаще славы чужой.

Ожидания холод —
Как дорогой на суд.
Только этой — не ходят,
Ибо ею — несут
В то пространство, где, бездарь,
Видишь: время — река.
Где кончается бегство
Колыбелью, Икар.

11 января 1994, Дюрам

***

Прости, холодная держава,
Сплошная родина вождей,
За то, что слово не сдержал я,
Которое всего важней,

Которое сорвалось в пропасть,
Что тупо названа «судьбой».
Которому названье — подлость.
Ни перед кем. Перед собой.

18 сентября 1992, Дюрам

Чёрт побери, становишься мудрей
С блаженною улыбкой идиота
В стране, где кроме брюха и мудей —
Нет ничего, достойного заботы,

Где светит лампа на краю стола,
Но ни куска души не освещает,
Где на вопросы только зеркала
Тебе российским матом отвечают.

4 октября 1992, Дюрам

***

1.
Довольно спорить, грусть важней, чем лень.
На небеса гляжу в четыре глаза
И всё ещё отбрасываю тень,
Копыта не отбросивши ни разу.

И в этот мир, воздвигнутый на миг,
Предательством разрушенную Трою,
Швыряю миф из запылённых книг
О возвращеньи блудного героя.

Там прозвенит последняя труба,
Как в урну не попавшая монета,
И родина прильнёт к его губам
Асфальтом Шереметьевского гетто.

Безумный воздух гаревых широт,
Опять скользя дворов и храмов мимо,
Не оскудеет от своих щедрот,
Даруя лёгким сладкий запах дыма.

И всё вернётся на круги своя,
Семья, друзья, попойки и работа,
И лишь поэт, геолог бытия,
Куря, сойдёт по трапу к эшафоту.

72

2.
Мой друг, меня не надо умерять.
Я — не тайфун, скорее — предгрозовье.
Но я вернусь в Россию умирать
Своею недотерзанной любовью.

И истину, зажатую в горсти,
Прах своего последнего погоста,
Швырну в лицо последнему «прости»,
Которое простить не в силах просто.

Мой друг, меня не надо уверять,
Что всем воздастся как-нибудь по вере.
Мой друг, меня не надо измерять —
Я сам собой измерен к высшей мере.

И в этот миг, где мир и миф — одно,
Всё станет вдруг разорвано и лихо...
Последний кадр — и кончено кино.
И публика отправилась на выход.

26 сентября 1993, Дюрам

***

Распахнутая настежь дверь —
Приют безумцев и влюблённых...
Свобода россыпью потерь
Глядит с ночного небосклона.

Души измученная плоть,
Пляши в вакхическом мотиве,
Лолиты пламенный полёт
Предпочитая перспективе

Рыдать Лаурой де Берни
В азиатической таверне,
Где всё минувшее — верни,
И всё манившее — отвергни.

11 октября 1993, Дюрам

***

Друзья мои, друзья, и недруги, и просто
Собравшаяся здесь случайная толпа,
Нас выбросила жизнь на райский этот остров,
Где стала колеёй последняя тропа.

Мы разорвали слой имперского озона,
И золотой песок нам отсчитал часы
Небесного пути великого позора,
От плёнки Иваси до банки иваси.

18 октября 1998, Вашингтон

***

Пора бытописать чужбину,
Лакейства и Лукулльства взвесь.
Уж ясно стало — я не сгину,
Хотя не выживу и здесь.

Как видно, звёздные таблицы
Сулят чесотку альвеол,
А коли так — пожалте бриться,
К священной жертве, Арион.

26 января 1999, Вашингтон

ГОРОД ОДИНОКИХ ШАГОВ

Если бы не редкие топонимы, прокладывающие вполне определённые мысленные маршруты, хорошо знакомые любому пешеходу-москвичу, то я бы мог сказать, что это собирательный, прототипический образ Любимого Города. Но, во-первых, для москвича Москва всегда такова. А, во-вторых, Москва и сама по себе как раз и есть «собирательный» город, в смысле собирающий, вбирающий, вмещающий в себя очень многое. Синеокая панночка, приехавшая на Гоголевский бульвар из Диканьки, камни минувшего века, кружевная тряпочка, стёкла, лица, крыши, шестёрки-понятые, замысловато метафоризирующие обручальное кольцо бульваров... Всё это лирический герой одиноко «вышагивает» по московским булыжным мостовым, где он гуляет совсем один, вспоминая или предвкушая милую сердцу встречу, воображая, как расслышит что-то важное в разговорах тех, кто был на войне... Всё это в мыслях, воспоминаниях, а в реальном времени герой никого не встречает. Перед ним, и перед нами, только «город-сторож», только фрагменты личного, или коллективного, опыта, только те «вопросы» и «ответы», которые так настойчиво упоминаются в ряде стихотворений, образуя некое связующее звено цикла, житейско-философский лейтмотив. Все эти стихи, с их бесстыдно-невинными аллитерациями на грани каламбуров или звукоподражаний, с их «вечным венчаньем», «кваканьем», «шарканьем», с разностильем рифм от бардовских и наивно-поэтических до классических, фольклорных и стилизованно-авангардных, все эти лирические серенады родному городу, в которых неумолимо слышатся гитарные мелодии, все они написаны двадцать лет назад, когда автор их, и мы с Вами, читатель, и Москва, и русская поэзия, и Россия, и мир были совсем другими... Или не совсем?

Псой Короленко

***

И стёкла, и крыши, и лица —
Забыть невозможно никак,
Ну надо ж так было случиться,
Чтоб в город влюбился чудак.

И будни, и ливни, и стены
Шершавой рукой обниму.
А город — глазами расстрелян,
А город — в последнем дыму.

Дрожат от колёс мостовые,
И в воздухе — пыль, не туман,
И, словно с поста часовые,
Уходят в былое дома.

Им нет возвращения боле,
Их дни навсегда сочтены.
О, город, ты плачешь, ты болен.
Мы оба с тобою больны.

4 мая 1982, Москва

Вечерний городской романс,
Дитя булыжной мостовой
И сумеречного молчанья,
Ах, он написан был про нас,
Да-да, мой друг, про нас с тобой,
Про наше вечное венчанье.

И в этой призрачной тоске,
Что вечно ласкова со мной
И сердце радует узором,
Бредя по сумрачной Москве,
Я расскажу тебе одной,
Как вы прекрасны: ты и город.

Как вы прекрасно-далеки —
Как ускользающий мотив,
Что в дереве рождает холод,
Как голубые огоньки
Седого млечного пути...
Ах, им, увы, никто не ходит.

10 июня 1984, Москва

***

Мне шумный день опять в лицо хохочет
Улыбкой белозубых продавщиц,
Пытаясь от сухих объятий ночи
В свои круговороты утащить.

Наивный малый. Я останусь верен
Своей луне, и шороху шагов,
И нежности чуть приоткрытой двери,
Где в камельке едва горит огонь.

И если даже разглядеть в бинокль
Цветы в раю и тернии в аду,
От истины, открытой одиноким,
Я всё равно спасенья не найду.

11 июня 1984, Москва

Я гуляю ночною порой,
И под ноги ложится Остоженка.
Мне запутаных улиц пароль
Подглядеть бы у города-сторожа.

Мне б собрать, как цветы, фонари
И, всю ночь прошатавшись под окнами,
Их под утро тебе подарить,
Моя панночка синеокая.

2 сентября 1984, Москва

***

Московские дворики. Хлам да сарайчики.
Да кислые запахи ушедшего быта.
А я перед вами готов на карачках
Молить — унесите меня, где, забытые,

Хранятся явления века минувшего,
Чей след ещё жив между этих камней,
Отсталого века, прогрессу не нужного,
И так удивительно нужного мне.

10 марта 1985, Москва

***

Снова солнце пригревает,
И наполнен город небом.
Вывози меня, кривая,
В переулки, где я не был.

Где, замеченные мельком,
Почки — вестники весны,
Где судачат на скамейках
Поколения войны.

Чтоб о чём они судачат –
Вдруг понять мне довелось:
Что огромная удача,
Что живыми удалось...

Мир войны — не зал музейный.
Неужель верны слова —
Хоронить должны друзей мы,
Чтоб друзей не забывать?...

27 апреля 1985, Москва

***

Простуженный апрель. Под утро выпал снег.
В глазах застыл февраль, холодный и короткий,
И лишь мажорный тон метеосводки
Напоминал о прерванной весне.

Она была добра и коротка
И в кружевную тряпочку молчала.
Бубенчик телефонного звонка
Ей возвестил тревожное начало.

Мы думали наивно — не пора ль
Забыть про снег, мечтать о летнем зное...
Но вот в апреле наступил февраль.
А у стихов короткая мораль —
Не обольщайтесь, дворники, весною.

9 апреля 1986, Москва

***

Как странно. Прибежал вопрос
Из ничего, из ниоткуда —
Откуда появилось чудо
Строений ветхих и берёз?

И я сказал ему — старик,
Давай поговорим об этом.
А он сказал, что будет лето,
И к разговорам — не привык.

Что нынче — время отвечать.
Как это честно и посконно...
Он ждал. Я продолжал молчать.
Вокруг весна была, поскольку

Снег убежал с горячих крыш,
На ветках почки набухали,
И город, радостен и рыж,
Со мною говорил стихами.

Вопрос устало закурил,
Пожал мне руку, и растаял,
И даже следа не оставил,
Чтоб о следах я говорил.

А города хмельной наркоз...
А я надеялся, что где-то
Когда-то мой родной вопрос
Сойдётся с правильным ответом.

22 марта 1986, Москва

***

Ветер холодом плюёт в моё лицо,
Мне опять назначен обыск суеты,
И бульваров обручальное кольцо
Ухмыляется шестёркой-понятым.

А когда меня разденут догола
И поставят, чтоб упал лицом в кювет —
Я швырну судьбе, что в спину догнала,
Свой истерзанный неправильный ответ.

15 сентября 1986, Москва

***

Эту правду постичь сумей-ка,
А иначе — всему провал.
Свежевыкрашенной скамейкой
Встретит Гоголевский бульвр.

А отчаянья парабеллум,
Сукин кот, тяготит карман.
Вот бы душу выкрасить белым
И с начала писать роман...

Впрочем, это пустяк, простужен,
Мир сморкается кое-как.
Просто жаль, что я не Бестужев,
Не Петрополь, и не декабрь.

23 октября 1986, Москва

***

Этот город, навек картавый
От эскортов до картотек,
Кулаками, как доскотару
Начинающий каратек,

Плоть квантованную кварталов
Предавать огню и мечу...
Если мне мечты не хватало —
Значит я не хватал мечту.

Не глумился над ней, не лапал,
Не топтал сапогами в грязь
И не шваркал скулами на пол
С умозрительным звуком «хрясь».

Может, слишком анатомичен
Поэтический монолит?
Извините, я не Да-Винчи,
И не будет вам Монализ.

29 января 1989, Москва

***

Здравствуй, город моих одиноких шагов,
Протрезвивший меня, словно душем Шарко
Через гриву волос, через скальп, до кости,
Я — как камень в твоей заскорузлой горсти,
Зашвырни ж меня в этот промозглый январь,
В эту даль, из которой вернуться едва ль,
Где по улице, словно по шее шнуром,
Я шатался не лезущим в лузу шаром
И шалел от ухмылок дешёвых шалав,
А искал только той, что меня не ждала.

25 января 1996, Москва

ИМЕНА

Старый друг — это машина времени. Вы беседуете ни о чем, а в речи сами собой прорастают прежние словечки, приколы, имена, победы, обломы мрачнее ночи, но вечно перемешанные с предчувствием дня, и мы бредём уже не на слово даже, а скорее на звук и запах по мокрым тротуарам в направлении магазина «Молоко» мимо утренних котов за первым кефиром...

Для меня эта подборка стихов — вот такая машина времени: сказать всем гаджетам и циферблатам «я на минутку», закрыть шторки иллюминаторов, нажать кнопку тысяча девятьсот что-то там, шагнуть в страницу, как в портал — и оказаться дома.

Андрей Коган

Дмитрию Полонскому

Нам солнца свет — пожизненною пенсией,
Всегда, за исключением ночей.
Друзья уходят, оставаясь песнями,
И строчками, и сотней мелочей.

Проулками, позёмкою, подземкою,
Которыми нельзя не дорожить,
И кажется случайно, будто в зеркале
Ещё их отражение дрожит.

А улица качается, сужается,
И стискивает зубы, и молчит,
И с каждою минутой поражается —
Как много песен в городе звучит.

А кто-то истины оставил пресные
И радуется каждому лучу...
Друзья уходят, оставаясь песнями.
Я меркантилен — песен не хочу.

1 ноября 1984, Москва

Антону Карнауху

***

«Отпоют нас деревья, кусты...»
Геннадий Шпаликов

Отпоют нас деревья и травы,
Долгий путь колеёю санной,
Отпоёт нас любви отрава,
Самой нежной и доброй самой,

День, которого не догнать,
И последняя мысль о старом,
И последний взгляд из окна
Уходящего вдаль состава.

Не отплачут, а отпоют,
Не обманут, не отвернутся
Облака, что летят на юг,
Чтобы после назад вернуться,

Чтобы снова нас обрести
И небесною белой стаей
Отпеванием окрестить,
Как любимых друзей усталых.

3 ноября 1984, Москва

94

Рувиму Островскому

Одиноко и гордо
В небе лунные спят миражи.
Уезжаю из города,
Без которого мне не прожить.

Сняв очки, как на действо,
Близоруко взираю на нить
Уходящего детства,
Без которого мне не прожить.

Упоённо и грубо
Вечер сердце спешит холодить.
Уезжаю от друга,
Без которого мне не прожить.

Позабыв за спиною
Отвернувшихся глаз синеву.
Что ещё? Остальное,
Без которого я проживу.

7 августа 1985, Москва

Канте Хондо

Федерико Гарсиа Лорке

1.

От любви в моём бедном сердце
Вырастают красные розы
И шипами до крови ранят.
Нет желаннее этой боли.

От любви в моём бедном сердце
Слышен голос утренней птицы,
Что молчит о своей подруге.
Оглушающее молчанье.

От любви в моём бедном сердце
Поселилась змея страданья,
Пожирающая мне сердце.
Нет бездоннее этой муки.

Сердце — дом для любви бессмертной.
Если сердце змея мне сгложет,
И навеки увянут розы,
И навеки умолкнет птица,
А любовь останется всё же —
Где искать её, кто ответит?

2.
Нам тогда показалось утро
На волшебную ночь похожим.
И ковёр, различимый смутно —
Королевским парчовым ложем.

Только руки мои дрожали
Над твоим золотистым телом.
Только губы твои разжались,
Чтобы правду сказать несмело.

А потом до скончанья века
Между радостью и бедою
Мы срывали с тяжёлых веток
Распустившиеся бутоны.

1984?-90?, Москва

***

Дмитрию Сухареву

Как дьякон, волочащийся за митрою
(В несексуальном пониманье слова),
Несу стихи я Сухареву Дмитрию,
Чтоб он нашёл в них вечности основу.

Но не с Парнасом, а, увы, с вагранкою
Он повенчает дух мой многожильный...
А я пойду, повешусь на Ваганьково —
Хоть повишу уж, раз не положили.

22 марта 1988, Москва

Рувиму Островскому

Приходит возраст сна. Не так ли нам,
Мой друг, средь бесконечных словопрений
О жёстких лаврах Нобелевских премий
Мечтать, юродствуя по временам,

И равнодушных обнимать Офелий,
И пальцами к холодным именам
Героев прикасаясь, через гам
Ещё со сна продрогшего апреля

Предощущать дыхание зимы
И возраст сна, отнюдь не сновидений...
Бессмысленность служения идее

Осознают увядшие умы.
О, Господи, ужели это мы
С надеждою в грядущее глядели?

8 сентября 1988, Москва

Юго-Восток

«Юго-Восток – ненастная страна.»

Михаил Щербаков

Нам можно или нет?
Скорей всего — нельзя.
Густой и дымный след
Затмил тебя, стезя.
В крови или в пыли
Несёт тебя поток,
И никакой земли —
Сплошной Юго-Восток.
А вот, туда-сюда,
Рождается мотив,
Без всякого суда
Желанья укротив,
Вокруг — такая тишь,
И, кровью окропив
Планету, ты лежишь
Средь лавров и крапив.

В глазах твоих уже
Угасли рубежи,
Где в раже на меже
Сражаются мужи.
Святая простота
Сгубила прямоту,
И тает правота
Конфеткою во рту...
Бесправны прямо те,
Кем правил, право, ты,
Беспечный в прямоте
Увечной правоты,
Но подведён итог,
Кровь траву оросит,
И мутный сей поток
Тебя не воскресит.

И ты лежишь, летишь,
Поклажа тяжела,
И даже эта тишь —
Тебе не тишина,
И очи застит пот
Сияньем сотни брызг,
И даже ключник Пётр
Уже напился вдрызг.
И не помочь вранью,
Что сгинул на войне —
Порою и в раю
Решётка на окне.
А главный по судьбе
Советует — терпи,
Но сладостен тебе
Сей тягостный тупик.

Ну, что ж, верши полёт
В иной суровый край,
Средь мускусных болот
Оставив скудный рай.
Тебе сказали — будь,
Направили — лети,
Тяни свой славный путь
И не сверни с пути.
Там в глубине морской
Сужаются круги,
В сравнении с Москвой —
Какой-нибудь Тагил.
Там ждёт тебя конвой,
И роль твоя, и боль,
И Мефистофель твой
Кивнёт тебе: «Яволь».

И вот ты прилетел.
Верней, свершил твой рейс,
Как метрополитен,
Крылатый монорельс.
Вокруг глядишь — и что ж —
Ну, ничего себе,
Мильон подобных рож
Встречал ты на земле...
А как же твой конвой?
Всё курит он, молча,
Кивая головой,
Похожей на кочан...
Так вот он, ваш секрет,
Хоть путь к нему окольн:
В разгадке этой нет
Загадки никакой!

А ты всё напевал —
Горю пока живу! —
И кровь всё проливал
В пожухлую траву.
Но вот свершён виток
В сияние и тьму,
И подведён итог.
А подведён чему?
Утехи не манят
Ни лавров, ни чинов.
Не трогайте меня —
Ни члены, ни чело.
Как птицы по весне
Стремятся в свой исток,
Всё жилкою в виске
Стучит Юго-Восток.

Истока нагота —
То вьюга, то пурга,
Востока много там,
А Юга — ни фига.
Опять трубят рога,
Опять грядёт война,
И много там врага,
А друга — ни хрена.
Желанье быть врачом
В никчёмном пацане,
Ты будешь излечён,
Мой бедный пациент.
За твой согласен стяг
Под танк или в острог.
Я всё стерплю, раз так,
Родной Юго-Восток!

И больше нет в душе
Сомнений ни кило.
Развеян дым, уже
Всё это — не кино.
Обычен мой обед,
Оплачен мой проезд,
И множество побед
Заложено в реестр.
Но не достанет сил
Ни струнам, ни стихам,
И злачно блуден Сим,
И мрачно бледен Хам...
Беспечен мой восторг,
Увечен мой росток,
И вечен твой острог,
Страна Юго-Восток.

19 апреля 1989, Москва

***

Алексею Дидурову

Писать стихи в полуночном луче
Кремлёвских звёзд, его пославших мило
Нам под перо — удел, увы, плачевн,
Но всё ж влачим сих атрибутов мимо.

А переулок гулок, как «ГУЛАГ»,
Где звуки «гэ» — в объятьях резонанса,
И сам собой сжимается кулак
В предчувствии вопроса о финансах,

Что мне задаст улыбчивый атлет
В одной из предстоящих подворотен
Перед процессом деланья котлет
Из всей моей многострадальной плоти.

Улыбкою ответив на удар,
Кленовым наземь опаду пожаром.
А всё-таки скажите мне — куда
Уходит жизнь по мокрым тротуарам?

28 октября 1989, Москва

Кот

Михаилу Каспину

Под утро по двору гуляет кот,
Скабрезный сын облезлой обстановки,
И основная из его забот —
Залезть под хвост какой-нибудь чертовке.

И юношам знаком его порыв,
И тем, с кого сбирает седина дань,
А он, к пяти, душою воспарив,
Заветную заводит серенаду.

В той песне есть и гордость, и тоска,
Пустыня беспардонного бездомья,
Песок, и время горсть того песка
В ладонь пересыпает из ладони.

Коту претит мирская тишина,
Он пьёт наркоз вчерашнего аванса,
И та жена ещё не рождена,
Которая его окотовасит.

А мы глядим сквозь занавесей щель
В четыре глаза, абстинентно мутных,
Из горницы ветшающих вещей
На горлицу вплывающего утра.

О, нам бы спеть! Да как же тут не петь
Прошедшим путь от похоти до ласки?!
Но тяжелы, повисшие, как плеть,
Припухшие голосовые связки,

И остаётся, видно, лишь хотеть
Везде и всех желаньем проходимца,
Поскольку, извините, окотеть —
Не тот же коленкор, что окотиться.

Плющом рутин приращены к вещам,
Мы ищем путь, пусть призрачен и долог,
От сих морщин к младенческим прыщам,
Которым не поможет дерматолог.

Увы, того пути нам не найти,
Не ухватить уродцу первородства,
И остаётся только окатить
Кота за это утреннее скотство.

28 сентября 1989, Москва

***

Дмитрию Пригову

И сон отечества мне сладок и приятен,
И сын отечества мне брат, товарищ, друг,
И стан отечества рукой моей объятен,
Да стон отечества встревожит сердце вдруг.

И сень отечества дарит меня покоем,
И сан отечества заботы снимет с плеч...
Но синь отечества — понятие такое,
Что непонятно, об отечестве ли речь.

31 мая 1990, Москва

Письмо другу

Павлу Шкарину

Мой милый Павел, тема не дана
В краю, от сотворения Христова
По карте и по временной оси
Далёком, как народник от гумна,
Где тишина так вязка, что не стоит
Канючить всуе — «господи, спаси!» —

Чтоб услыхать в ответ — «пошёл ты на!» –
И выйти в путь. А на часах — за сорок.
А в багаже — отсутствие вещей
Приличествующих, как то — жена,
Просторный дом, домашнего посола
Маслята... Колготись, что твой Кощей —

Мол, впору ли считать?... Ослеплена
С рожденья, и не ведая — что в чашах,
Как меч остёр, судить осуждена,
Стоит она... А в чашах — ни хрена:
Попойки, сны, аккордов отзвучавших
Стыд, брошенных подружек имена...

А на календаре — опять война,
Очередная сытая держава,
Где выбор — от горла́ до стакана,
Где нам трындеть про нравы, времена,
Не замечая, как девчонка-слава
Протягивает руку — на же, на!

14 мая 2003, Вашингтон

109

Андрею Когану

— Андрюша, брат, давай по первой.
— Аркаша, брат, давай закусим.
— Молчи, старик, ты гонишь пену!
— С полрюмки — и такой азарт...
Какие истинные перлы
Таились, господи Исусе,
В том, чем мы пробивали стены
Эннадцать лет тому назад.

Усов несмелая пороша
Носы подёрнула туманом.
Пускай не Байроны — другие —
Но даже лучше мы с тобой.
Как упоительно по рожам
Мы били местным хулиганам,
Взлетая в ёко-тоби-гири
По-над булыжной мостовой.

Какие ласковые боги,
Какие пламенные речи,
Какие паруса тугие,
Какая даль легла во мгле...
Какие трепетные ноги
На атлетические плечи
Нам клали женщины такие,
Что больше нету на земле.

Всего, что было — больше нету:
Кругом Тойоты да Харлеи,
Итог любви неизмеримый
Считаем в Microsoft Excel,
Позаманили нас в тенета
Азохнвеи да хайвэи,
Калории с холестирином
И всё размером 2XL.

Но мы, конечно, похудеем,
Поговорив о самом главном,
И станет так кристально ясно —
За что заплачено сполна,
Поскольку всё-таки идея
На сердце грешное легла нам
О том, что молодость прекрасна,
Хотя и зрелостью больна.

6 января 1997, Вашингтон

Максиму Исаеву

Мой добрый друг, пора прошла
Для восхищенья новым Римом,
И связь времён опять прочна,
Незыблема и неделима.

И нам с тобой опять дано
В пылу пристрастия хмельного
Отведать терпкое вино
Безумия вневременного.

И отступают миражи
Доступного земного рая,
И остаётся только жить,
Ежеминутно умирая.

30 апреля 1996, Москва

ИНИЦИАЛЫ

Следующий раздел книги таит в себе рецепт живой жизни и вечной молодости и похож на череду кипящих котлов.

На каждом из них нацарапаны женские инициалы. Герой ныряет в очередной котёл и является на свет ещё более юным, огромным и волнующимся беспредельщиком, нежели был до этого.

«Один цунами» — так замечает о нём некая О.Т., виновница одной из любовных страстей нашего героя. А он у нас на глазах превращает все эти страсти в бушующую художественную галактику и сам же носится по ней, как вечная весна.

Читайте же внимательно, и вам удастся добраться до рецепта живой жизни и вечной молодости, ибо он на поверхности.

А заодно узнаете, как стать поэтом из-за женщин. Если, конечно, эта сомнительная перспектива вас привлекает.

Ольга Чикина

Осень

М.З.

Где же ты, осень, где же ты?
Близится сонность полдня.
Я умоляю вежливо:
Ну наступи сегодня!

Ну не томи напрасно ты!
Мало ли что случится...
Пусть же жёлтые с красными
Лягут наземь страницы.

Будто раскрасят охрою
Мира бальную залу,
Сами расскажут шорохом —
Что ты на них писала.

Гном шевельнёт башмачками их:
Вслушайся и замри —
Листвешые рядом с каменными
Встали монастыри.

Их красота недельная,
Ветер — и ни листа...
Милая, безыдейная,
Вечная красота.

***

О.Т.

Я прекрасно помню, это было:
Жёлтый стол с бумагой и вином,
В небесах звезда моя светила
Золотым немеркнущим огнём.

Мир февральский за окном клубился
Снеговой, метельной сединой.
Мне мечталось полночью забыться.
Полночи мечтался путь иной.

И в окно доверчивая птица
Залетела греться у огня,
И была дописана страница,
Что так долго мучила меня.

Плакал ветер. От его прелюдий
Я дрожал, предчувствуя весну...
Злая птица со стихами в клюве
Вдруг рванулась к чёрному окну!

Я вскричал — как колокол разросся
Этот крик — чугунная беда!
Отблеском земного отголоска
Убегала по небу звезда.

***

М.Р.

Недоеденный бутерброд. Салат.
Нескончаемый разговор.
И рябит в глазах белоснежный халат,
Наспех брошенный на ковёр.

Под диваном — аксессуары встреч,
Затихающие дворы...
Потому что не удалось сберечь
Шатких правил этой игры.

И.К.

В этот мир, спрессованный, как брикет,
И безжалостный, как приказ,
Мы когда-то вошли, и в моей руке
Не дрожала твоя рука.

Но, заставив себя поглядеть назад,
В нашу детскую чудо-игру,
Я всечасно вижу твои глаза
И не вижу всё, что вокруг.

Ни тебе, ни себе не могу простить
Краснолистого сентября,
Равнодушия липкого — обрести,
Безразличия — потерять,

Потому что вся жизнь моя — партия-блиц
(А твоя — лишь могильный холм?).
Но не ты, а я ухожу, как принц,
Приодевшийся пастухом.

А принцесса не хочет клонить колен,
Чтоб в аду не кипеть в котле,
Потому что сто поцелуев — тлен,
И тысяча тоже — тлен.

Я в тоске обещаю в который раз —
Позабыть, о себе писать,
Но застыло каменное вчера
На моих песочных часах,

Но и сотни ночей в кабаках просидя,
Ожидая, пока зарю протрубят —
Я лишь две строки пою про себя.
Остальное всё — про тебя.

С.Д.

Эти краски усталого чёрствого дня
Я забыл навсегда, я смеялся и умер.
Но распутница ночь всё швыряла в меня
Ста улыбками ложью спелёнутых мумий.

Никуда не уйти от моралей чужих,
От чужого добра и чужого полёта.
Но, как два часовых, мы, застыв у межи,
Всё глядим на соседней державы полотна.

Будет сделан последний решительный шаг —
И холсты запылают (но что так знакомо?).
Сразу станет нельзя и ненужно дышать.
Словно спирт на губах. Иль бросаешься в омут.

Но когда-нибудь всё же ладонью в ладонь
Мы сойдёмся, и вечности круг будет замкнут.
И над пеплом былых голубых городов
Снова башни поднимут воздушные замки.

И опять человек будет создан, чтоб жить,
Петь, любить, слёзы лить над местами святыми.
И над тоненькой чёрточкой новой межи
Будут новые двое стоять часовыми.

***

О.Т.

Наши встречи полны разлук,
Как морошки полны лукошки,
Только двери скрипучий звук,
Только вспыхнувший свет в окошке.

Только что-то в груди мертво,
Оборвалось в одно мгновенье,
Только долгий путь до метро —
Не туда я иду, наверно...

Ну, конечно же, всё не так.
В жерло жадное турникета
Опустив наливной пятак,
Повернуться и, как ракета,

На этаж твой взлететь легко
(Лифту — скорости не хватало)
И увесистым кулаком
Разбудить тишину квартала.

Упоённо входя в азарт,
По передней к тебе помчаться,
Нагловато глядя в глаза
Удивившихся домочадцев.

Чтобы ты наморщила нос,
Осознав, какова цена мне,
И ответила на вопрос —
Это кто? Так, один цунами...

И прижалась лицом ко мне
(Со стихией тягаться? — где там...)
И летела бы по волне,
Пьяной пеной любви одета.

***

А.К.

Благодарю судьбу за то, что занесла
Меня в приветный край моих воспоминаний,
За то, что я забыть не в силах ремесла
В чужих сердцах искать таинственные грани.

Я к города лицу приник, как блудный сын,
Я растерять успел за жизнь дары пастушьи,
И стрелками грозят песочные часы,
Остановившись в миг, когда уснули души.

Как сладок был он, вкус пастушеских даров,
Как вечен был уют заброшенных чуланов,
Но пеплом ляжет снег на лацканы дорог,
На истомлённый сном священный Геркуланум.

И смолкнут трубачи, поющие хвалы,
Разверзнется земля, раскается Иуда.
И маленький поэт, измученный былым,
Опять пойдёт искать неведомое чудо.

***

О.Т.

Не писал тебе две декады,
Не просил тебя ни о чём,
В коммунальную интифаду
Вновь гордынею вовлечён.

Только толку и — что в гордыне,
Тает тальком моя тоска,
Словно снег по лихой године
Тронет вежливо край виска.

Наш роман разбившейся льдинкой
Прозвенел, в синеве дрожа.
Безнадёжности поединка
Нет возможности избежать.

Но отныне вовеки присно
Вырываться словам из уст.
Можешь даже сжечь мои письма —
Будут помниться наизусть.

Так давай, подраненной птицей
Кутай горло тёплым шарфом,
В жалкой радости — очутиться
Вне дороги на эшафот,

Где палач, расстегнув рубаху,
Медлит вечности на краю,
Где я гордо швырну на плаху
Душу скомканную свою,

Где приказ зачитает нунций,
А ты будешь стоять в толпе
Без возможности отвернуться,
Откреститься и отупеть...

Нет. Прости. Просто я нестоек.
И не стоик, и не старик.
Не историй своих историк,
А устоев своих парик.

Впрочем, истины прописные —
Вызывают натужный смех...
Жизнь ложится, как проездные,
На хрустящий московский снег.

***

О.Т.

Я к тебе не вернусь, ты ко мне не вернёшься,
Обернёшься на зов, улыбнёшься — и всё.
И с ухмылкой застигнутого мужеложца
Время снова закрутит своё колесо.

По карманам судьбы в одиночку пригревшись,
Верим — сей интерьер созидает интим.
О, мой Кронос поспешный, не так уж мы грешны,
И смешать одинаковое — не хотим.

Но опять суждено ноте в тему развиться,
И терзает сердца этот сладкий садизм.
Как с водою вода — нам с тобой не разлиться.
Как земле с небесами — вовек не сойтись.

С.Т.

Вот и всё. И по ночам больно.
Нету смысла продолжать кражи.
Всё равно ты не поймёшь больше,
Чем уже не поняла раньше.

Дождь замоет все следы, кроме
Тех из них, что не видны глазу.
Тот поэт, кому дано — крови,
Чтобы ею написать фразу.

С.Д.

Дождит. Простуженным Арбатом
Уже не прогуляться всласть.
А здесь по мостовым щербатым —
Кибитка детства пронеслась.

Цыганская звенела гривна,
Мерцали спицы колеса,
И я писал рассказы Грина,
Как не сумел бы Александр.

Кому, когда ему пятнадцать
(Кто — в почке лист — в себе таим),
Вдруг удалось не запятнаться
Случайным гением своим,

Чья чуть заметная прыщавость —
След снорождённых стыдных битв —
Казалось, с лёгкостью счищалась
Холодным блеском первых бритв.

На долгий миг прервав дыханье,
Ложился строчками мотив,
И выдох, и стихов стиханье
Во времени соединив.

Подпункты жизненного плана
Рвались с тетрадного листа,
И имя сладкое «Смертлана»
Томило горькие уста,

Над ним сомкнувшиеся гордо,
Глотая времени закат
Сквозь мужественных три аккорда,
Угрюмых пасынков токкат.

И этого неологизма
Слегка шампанская струя,
Сливаясь с водами Лагидзе,
Врывалась в русло бытия.

Прекрасно это или грустно —
Не знаю, честно говоря:
Нам вечно мчаться в этом русле
К ещё неведомым морям.

В альбом

Н.Г.

О том ли я... Но — талия.
Мой де Бофор, ты пьян!
Наталия, Наталия —
В аккордах фортепьян!

И всполохи сопранные —
Коварная канва,
А после — поле бранное
Кровавого ковра.

То — спешной каравеллою
На гребне у волны,
То — снежной королевою,
Чьи очи ледяны.

Спроси себя — ну та ли я,
Кто ныне правит бал?...
О, утоли, Наталия,
Хрустальный мой бокал!

Чтоб на устах не таяли
Цветы последних фраз,
Наталия! Наталия...
Куртуазийный фарс.

Как таинствам Бермуд расти
Пространству меж фигур...
О, ниспошли нам мудрости,
Умеренный Амур.

И всё ж дай бог, покаявшись
Потом, через века,
Увидеть, как по клавишам
Скользит её рука,

И (сердце в сети поймано,
За что его не жаль) —
Как лёгкою стопой она
Жмёт правую педаль!

Спарта

А.М.

«Аннушка, что вам тут делать...»
Дмитрий Быков

Аннушка, душенька, милый дружок,
Возраст немыслимый — десять плюс восемь...
Помните — Новослободский снежок...
Как это было — как не было вовсе.

Что я тогда говорил невпопад,
Вы что несли... Ах, как вспомнить приятно,
Фея, ещё не встречавшая падл,
Гостья невольная снов пубертатных.

Глупо у бога канючить — верни
Всё, что теперь — словно мир параллельный,
Где и догматы марксистской херни
Не искажали идей направленья.

Сколько прошло... Не иначе — века,
Мифы одни, Вавилон да Гоморра.
Вместо дурных наслоений жирка —
Апофеоз полового гормона.

Господи, как это было давно,
Вскрылся фурункул, но так и не зажил...
Нынче же глянешь под утро в окно —
Сытая твердь лаконичных пейзажей.

Зноем немыслимым пышут дворцы,
По расписанью несутся по трассе
Вечно юнцы, что годятся в отцы,
В чьих головах, как всегда, лишь гимнасий

Новый мюзикл «Фермопилы во мгле»,
Ксеркса ведут на закланье к Аиду.
Фуникулёр по Тарпейской скале
Выведет в мемориал Леонида.

Суши, душé*, Фаберже, бланманже,
Сердцу постылому — не до лисёнка,
Если же что-то внезапно в душе —
Видимо, с пива шалит селезёнка.

Как холодна и просторна постель...
Я не о том, отвалите, засранцы!
Ладно, над временем нету властей,
Аннушка, да, но за что же — пространство?

Эти разящие йодом валы,
Вечные, розги манящие, выси,
Что не хотят ни хулы, ни хвалы,
К нам докатившись из бухты из Лисьей,

Где до сих пор, говорят, до сих пор...
Ладно талдычить-то, как заведённый.
Аннушка, честно — так взял бы топор,
Всех к ебеням порубал, как Будённый.

Лексика – жуть, стыдно даже перу,
Но и она не случайно воскресла,
Если рука норовит к топору —
Есть всё же что-то родимое в чреслах.

Трубы трубят бесполезный поход
В мир пиздюлей из обители танцев...
Аннушка, весь ваш заветный проход
Не защитят эти триста спартанцев!

Кружит Земля, и в воротах Кремля,
Стройная часть всенародного хора,
Крикнем мы наше заветное «Бля!»,
Выплюнув гордо чинарь Беломора.

Аннушка, душенька, фея, цветок,
Это — легенда... (Вы сами — легенда!)
(Интеллигенцию вечно Восток
Манит, а значится — интеллигентны!)

Помните, Новослободский снежок —
Не было дворников — и не сгребали...
Лечь бы, обнявшись, в зелёный лужок
Под эпитафию: «Ну, заебали».

* Душé — прибор для гигиенического спринцевания

***

А.К.

Знакомо, знакомо, знакомо,
И слов вереница слаба.
У стен сумасшедшего дома
Я чувствую дома себя,

Где девушку с вялотекущей,
Лет десять тому, навещал.
Так вот они, райские кущи,
Конец и начало начал.

Заборы, заборы, заборы,
Хранящие цепко гостей,
Соборы, соборы, соборы
Окурков, осколков, костей,

И лица, прижатые к стёклам,
В офортах решетчатых рам...
Да мною не нажито столько,
Что я за их участь отдам.

И снова, уже не мечтая
Забыться в заветном бреду,
По улицам бывшего рая
К тебе на свиданье иду.

***

О.В

Спрячь меня шапкой в рукав.
Подари мне обман покоя.
Помяни меня в дневниках,
Хотя бы одной строкою.

Буду, навеселе,
Пряча чёрную метку,
Шагать по чужой земле,
По обоим квадратным метрам.

Внутренний эмигрант,
Гамлет в теле Портоса,
Кровью собственных гланд
Оплачивающий потомство,

Прерванною строкой,
Порванною струною...
Дай мне себя такой
Негаданною страною,

Где ледяной декабрь
Растопится под рукою...
Помяни меня в дневниках,
Хотя бы одной строкою.

ОТ ПЕРВОГО ЛИЦА

Изначально я был знаком лишь с достаточно поздним творчеством Аркадия.

В данном же разделе собраны ранние стихотворения, в которых «фирменный стиль» автора узнаётся (по крайней мере — мной узнаётся) с трудом и далеко не сразу. Тем, видимо, и интересны самые ранние творения (примерно до 1986-го года) — они позволяют проследить, откуда и какими путями пришёл автор к своему нынешнему поэтическому состоянию.

Сначала — жажда, ощущение необходимости сказки.

Потом — предчувствие.

Потом — спокойное и уверенное ожидание встречи с оной.

Достаточно прямая и логичная тропка. Завершаясь, этот короткий раздел оставляет читателя в ожидании — «ну-ка, ну-ка, что там дальше?»

А дальше будет интересней...

Олег Медведев

***

Я глаза закрываю, но бред прерываться не хочет.
Я шаги замедляю, но вдаль непрестанно бегу.
И трепещет луна, заплутав в упоении ночи,
Поцелуи срывая у ветра с обветренных губ.

И в шальные глаза я бросаюсь, как в пену прибоя,
И о том, что не в силах ни слова сказать — говорю...
А закатное солнце — трубач с голосистой трубою,
На краю горизонта уже выдувает зарю.

18 мая 1984, Москва

***

Я не знаю истоков сути,
Но с момента гибели Рима
В этом мире, где все мы — судьи,
Я — единственный подсудимый.

Не спешите бросать словами —
Слову-птице лишь в небе мчаться.
Вы, которые целовали
Сотни раз, захмелев от счастья,

И за правдою обещали —
Шашки наголо — и по коням...
Вы когда-нибудь ощущали
Кровь детей на своих ладонях?

Тьмою застланными веками,
В затаённых мечтах о свете,
Мы в мучениях привыкали,
Что другие за кровь в ответе.

Кратким веком, что мною нажит,
За и против богобоязни —
На себе ощущаю тяжесть
Всех предательств, кощунств и казней.

28 сентября 1984, Москва

***

Я долго сидел и разучивал чужую роль,
А мне так хотелось мчаться по времени назад!
А потом какая-то маленькая отчаянная боль
Пришла и руки положила мне на глаза.

И я почему-то сразу успокоился, как пророк,
Чья профессия заключается в том, чтобы висеть на кресте,
Получая за это несколько высокопарных, напыщенных строк
На изъеденном мышами полусгнившем архивном листе.

А она целовала меня пересохшими лихорадочными губами.
А она не произносила ни слова — я всё понимал и так.
И всё, что она мне подарила — я принял без колебаний,
Как нищий от нищего без колебаний принимает пятак.

А когда я не нашёл клад и не убил огнедышащего змея,
И все отвернулись, констатируя, что я — абсолютный ноль,
Я понял, что маленькая отчаянная боль —
                              единственная,
                                    кто мне не изменит.
Спасибо тебе, маленькая отчаянная боль.

                                   22 ноября 1984, Москва

141

***

Я нынче весело угрюм,
Как декабристы перед виселицей,
Которым надо поутру
Из жизни сей навеки выселиться.

Уж так я весело угрюм,
Что, памяти поддавшись наговору,
Я, словно Пестель, говорю —
Мешок не надевайте на голову.

31 января 1985, Москва

***

Написано в полной
алкогольной отключке
и с утра с удивлением
обнаружено в тетрадке.

Я алкоголик. Я пью по потребности.
Каждые сутки. Мало, но регулярно.
Это традиция. Она родилась в древности.
Основа нации, выражаясь фигурально.

Я пью и чувствую своё моральное падение.
И мне становится стыдно, но не так чтобы не пить.
А в ушах прописалось слов твоих гудение
О том, что пьяного ты не способна любить.

А я всё равно алкоголик, хоть это не прописано в паспорте.
Слушай, испуганный мир, мои пьяноголосые перлы.
И C2H5OH — моя вторая пассия.
Умоляю — не торопись. Не отказывайся быть первой.

13 марта 1985, Москва

143

Смерть Дон Жуана

Я всё же боюсь устало
Бессмысленного конца,
Нежданного ледостава,
Трагического свинца.

Не суть, какую открытку
Небесный пришлёт судья
И жизнь оборвёт, как нитку
Издёрганная швея.

И в мыслях о женском поле
Лицо начнёт голубеть.
Я рад бы запомнить поле,
Но город мне колыбель.

Парадом пройдут над телом
Дивизии Коломбин,
Которых так неумело
Я пробовал полюбить.

И сосмерти, будто спьяну
(А значит — ещё живу!),
За каждою маской — Анна
Пригрезится наяву.

Лишь Анна. И всё законно.
И это финал игры.
Пути, прямой и окольный,
Приводят в единый Рим.

Родные опустят плечи,
Возьмутся за валидол.
Прощайте. Тебе навстречу
Шагаю, мой Командор.

1 марта 1985, Москва

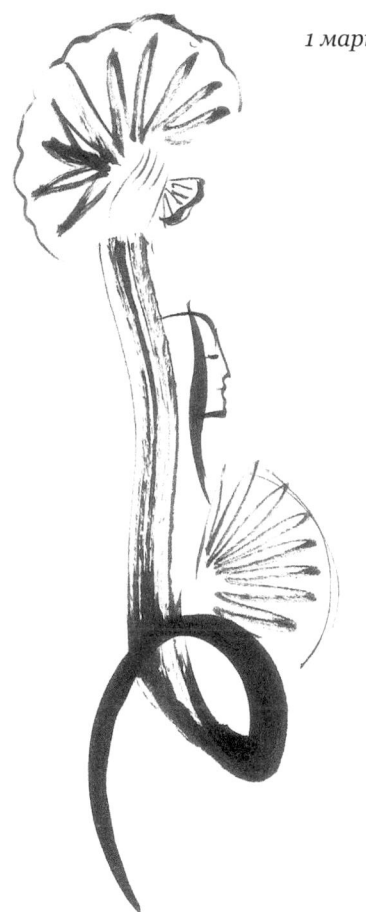

***

Я — человек сегодняшнего дня.
А «завтра» будет ли — бог весть. Нет смысла
Искать его. Слова важней, чем числа.
Я — человек бенгальского огня,
Горящего в ночи. А солнце утром
Взойдёт, и вся обыденная утварь
Мечты моей — не соблазнит меня.

14 июля 1985, Москва

***

Я очень вам благодарен,
Цыганки и колдуны,
За то, что мне нагадали
Бездонную власть луны.

За то, что в судьбе беспутной
Мне всё дано превозмочь,
И раны весталки-утра
Зашепчет цыганка-ночь.

8 марта 1986, Москва

***

Я знаю, что дорога далека,
В какие ни вела бы Мекки.
И незнакомой женщины рука
Мне ляжет на опущенные веки.

На веки или же навеки?
Да, это стоит обсудить.
А далеко в лесу на ветке
Русалка грустная сидит.

Она сидит, и пахнет рыбой,
А женщины рука добра.
А женщина — знакома, либо
Я глупый, а она мудра.

Когда пойму, что это — ты,
Я откажусь от детских санок,
От Мекки и от маяты
Меланхолических русалок.

22 марта 1986, Москва

149

***

Я, наверно, поспешил
В этом ломком снегопаде,
Я ошибку совершил,
Извините бога ради.

Но себя не извиню
(Вы-то — ясно, извините).
Я себе не изменю,
Потому-то и звеню.
А вы — ни капли не звените.

14 января 1987, Москва

Я когда-то стану знаменит,
Через десять лет, как похоронят,
Через десять лет, как проворонят
Света и трагедии зенит.

Да, я непременно знаменит
Стану, если только не устану,
Правда вдохновенья пьедесталы
Мне не в силах будут заменить.

Голос мой посмертно прозвенит,
Позовёт к неведомым свершеньям.
Что же, это мудрое решенье.
Я, конечно, стану знаменит.

А пока я буду жрать навоз,
Харкать кровью, забивая сваи,
И, слегка надеясь на авось,
Часто думать о посмертной славе.

Вижу сквозь магический кристалл
Всё, с моим повязанное культом.
В дверь звонят — наверно, вещий скульптор
Притащился мерить пьедестал.

2 октября 1987, Москва

***

Я — человек неправедной судьбы.
Но — правильной. Хотя порой — провальной.
И ум мой, как станок копировальный,
Внимает упованиям толпы.

Но я с заветной не сверну тропы,
Нашёптанной мне бабкой повивальной –
Моей Москвой, немою, то кимвальной,
Чьи похвалы охальны и скупы.

Мне говорят — душа её черна.
Рука, в крови умытая вчера,
Своих собратьев и поныне множит.
Корёжит кожу времени чума.

Но струпья прошлого спадут с чела.
И будет свет. Не быть его — не может.

9 февраля 1990, Москва

*** *** ***

Я входил вместо дикого зверя в меню таверны,
Вместо Кинг-Конга лез на Empire State Building,
Запивал спирт водкой, пускал по вене,
Посвящал стихи тем, что меня любили,

Именами неверных друзей называл вершины,
Твердью трёх континентов стирал подошвы,
Не обрёл земли — ни два квадратных аршина...
Что сказать мне о жизни? Что можно бы и подольше...

Называл на «ты» предшественников по жанру,
Бытовухой стократно бывал задрочен...
Славы искал. Без особых успехов. Пожалуй,
Из презревших меня можно составить очередь

Плюнуть. Впрочем и здесь — записи в ночь не ждите.
Писал стихи в метро, пешком и под душем.
Семь городов спорили, что — не житель,
Пока я захлёбывался подувшим

Ветром истории, перемен... Перемена
Хороша, простите, банальность после урока,
Который так и не выучил. Полумера
В этом процессе — не более, чем уловка

Школяра совместить две мании — Наполеона
И ту, что зовётся «неполноценный комплекс»...
Но добровольно — не ждите — чтоб ушёл с полигона
Именем — космос.

24-25 мая 2000, Роквил

154

БОЛДИНО

Искандеровский Марат в ответ на претензию возлюбленной: «Ну вот, а говорил, что в любви ты — Наполеон», — отшучивался, что, мол, у каждого Наполеона есть своё Ватерлоо.

Болдино. Ну что ж. Таким названием автор хочет обратить внимание читателя сразу на несколько обстоятельств.

Первое: здесь — не отдельные стихи, а лирический цикл, объединённый временем создания, обстоятельствами душевной болезни. Тем интереснее мне пытаться расшифровать, разгадать этот сквозной сюжет, эту тайну, спрятанную в глубинах эмоциональной памяти героя. Тайну интимную, о которой он в то же время кричит на весь мир — срывая порой голос и выламываясь за рамки «хорошего вкуса». Того самого, который столь же украшает поэзию, как скромность — корову.

Второе: перед нами один из высших творческих взлётов этого поэта. По крайней мере, по его собственному внутреннему динамометру.

И третье. Была осень...

Иван Ютин

1.

Не то беда, в каком сортире
Опорожнюсь душой от ран,
Не то беда, в каком сатине
Войду в фартовый ресторан.

Не то беда, в каком бездомье
Я тленья запах поселю,
А то беда — какой ладонью
Последний принят поцелуй.

2.

Не жалею, не зову, не плачу...
Всё пройдёт, как пачка макарон.
Сам себе и жертва, и палач, и
Судия, и даже прокурор.

Всё случится, будто бы приснится,
Где беда уходит без труда,
И твои упрямые ресницы
Вместо «нет» опять сказали «да».

И опять сквозь славословья сплетен
Прорастают песен миражи,
И опять, сорвавши двери с петель,
Ты ворвёшься в горницу души.

Вот уже в душе гуляет ветер,
Разбитной и ласковый смехач,
Вот уже, напыщенный, как Вертер,
Я иду искать себе удач.

Пусть удачи потчуют обманом,
Только поманили — след простыл,
Я иду с пустым своим карманом
Среди всех немеркнущих светил

Возложить бессмертную корону,
Королева светлая моя,
Но уходят дни, как макароны,
Разварясь в кастрюльке бытия.

Предоставит жизнь, чего ни спросим,
Кроме вдохновения пера,
Но подходит дождевая осень,
Королевская моя пора.

Будет эта осень к переменам?
Или, как выходит по кино,
Всё пройдёт, как пачка пельменей —
Семьдесят копеек полкило...

3.

Долюби меня, любимая,
Умоляю, долюби,
До безумия рябинного,
До беззубия любви.

Жёлтым цветом подорожника
Исцели меня, сестра,
Доведи меня, дороженька,
Дорогая магистраль.

Донеси меня до родины
Без разлуки да беды,
До калины, до смородины
И до прочей лебеды.

Смехом песню разве выстроишь
В этом блеске куполов?
В сердце разом разве выстрелишь,
Да ещё из двух стволов?

Сквозь горящие соцветия
Очумевшей бузины
Подари ещё бессмертия!
Ну хотя бы до зимы...

Через стаи голубиные
Бесприютной голытьбы,
Долюби меня, любимая.
Если любишь — долюби.

4.

Этот август похож на тебя,
Столь прекрасен он, сколь беспристрастен,
И грозит тем, что кровью украсим
Кумачовую суть сентября.

Этот август похож на тебя,
Только ты ни на что не похожа,
Как прохожий, морозом по коже
Вдруг ожгла, не скажу чтоб любя.

Этот август повинен, как память.
Этот август полынен на вкус.
Этот август, как розовый куст
Или ты, обладает шипами.

Этот август похож на искус,
Столь же сладостный, сколь и недобрый.
Этот август похож на укус
Кобры,

В сердце вонзающей жало,
Порождая безумье в мозгу.
Если б августа ты избежала...
Я уже его не избегу.

5.

Полночный автобус, счастливый билет,
Пронзительный дождь, неизведанный город
Парадом планид, как парадом планет,
Напичкают мой нескончаемый голод.

Как строки рождаются, стоит начать
И кажется — вот оно — присно и вечно...
Но снова судьба означает печать
Моей остановкою — «Чёрная речка».

Желаньем бесчестья полны небеса,
Их гнева-дождя избежать — и не тешьте.
И ветром разлуки полны паруса,
Но стрелка компаса — на румбе надежды.

Не чёрные думы приходят ко мне,
А чёрные строки курсивных реляций.
Гранит обелиска и пара камней,
Где падал поэт, не умевший стреляться.

Безоблачный гений, любимый типаж.
И выстрел, и снег, только кони всхрапнули...
Но чья бы рука ни сжимала Лепаж —
Поэты себе предназначили пулю.

Дыханье полутора тяжких веков,
И то же желанье — с собою стреляться,
И пот, что течёт по ложбинкам висков,
Рождает созвездие ассоциаций.

Ах, Чёрная речка в дождь — просто река,
И что ей века, что срока ей, что роки...
Да ляжет прохладная Ольги рука
Легко на мои воспалённые строки.

Дым выстрела. В боли загнувшись винтом,
В снег падает тихо бессмертья наследник
Не с именем тем, что истреплют потом,
А с тем, что уста покидает последним.

6.

Воинственный звонок, таинственный перрон...
Ах, как судьбу судьба навеки сочинила.
И смысла нет — рубить, что сказано пером,
Поскольку вся душа уходит на чернила.

Мой поезд отойдёт в 00:00 часов —
Стремление мечты, знамение начала.
Фемиде не сравнить на чашечках весов
Градущее с былым. И что б ни означала

Ухмылочка её, как отблеск полусна,
С повязкой на глазах, пронзающих до сути,
Но осенью моей опять идёт весна.
Распалась связь времён, уж вы не обессудьте,

Историки души, радетели идей,
Отныне ваша власть не властна надо мною,
Смените календарь в расчёте на людей —
И вечный месяц март с его голубизною.

Смятением дорог распахнутая даль,
Бессмертья целина не тронута следами,
Как безнадёжно прав напыженный Стендаль,
Остриженный пророк с тобою солидарен.

В неподходящий век, мой друг, да будет так,
Мучительно легко, торжественно и просто —
Расхристанную жизнь сменивши на пятак,
Швырнуть его волнам от Аничкова моста.

7.

«Не прикидываясь, не прикидывая,
Не прикидывая ничего,
Покидаю вас и покидываю,
Дорогие мои, всего.»
Геннадий Шпаликов

Так устало-неустанно,
Неожиданно и вечно
Покидаю полустанок,
Так казавшийся конечной.

Вдаль идёт зелёный поезд,
Нерешительным на зависть,
На мою святую подлость
Всем мотором огрызаясь.

До свиданья, дорогие,
Я грустить о вас не буду,
Все подруги и врагини,
Иисусы и Иуды.

Это просто память створом
Перекрыла звон криницы,
Это просто сердце вором
Просочилось из темницы.

Покидаю царство боли,
Вечный мир, сметённый ветром.
Здравствуй, воля, здравствуй, Оля.
Я пришёл к тебе с приветом.

8.

Излишне бремя холодно
Братаний и баталий.
Сижу, балдею в Болдино
От боли и от дали.

Храню в едином теле я,
Как в склепе на погосте,
Арапское смятение,
Арийское спокойствие.

Изведанная исстари
Победная усталость,
За истину под выстрелы —
Кому ли не мечталось...

Обласканный, оболганный,
Нелепый, високосный...
Прости ты мне, о, Болдино,
Языковую косность.

Довольно сердцу корчиться
Отребью на потраву.
Я знаю, рейс окончится,
И ты сойдёшь по трапу,

Сгубившая, губимая,
Смешная, заводная,
Нелепая, любимая,
А главное — родная.

9.

В Петербурге на Неве
На мосту Литейном
Бродит ветер в голове —
Жлоб в чаду питейном.

То ли воля не вольна,
То ли сон туманит...
Оловянная волна
Манит, манит, манит

Разрешением проблем,
Столь элементарным,
Над которым и Рабле
Ржал, как пролетарий.

То диктует эгоизм
Свой исход безусый,
Или даже гедонизм...
Вобщем — вечный онанизм
Моего безумства.

Нет, я сделаю не так,
А так, как мужчина —
Жизни погнутый пятак
Не швырну в пучину.

Все тенета распорю,
Шебутной жлобина,
Кровь младую распалю,
Воспарю и воспою
Красоту любимой!

10.

Вы думаете, это бредит малярия?
(И думаете, конечно, коллегиально.)
И я пародирую, паролируя,
Страсти тех, кто погениальней.

Оставьте, версий подобных радуги
Лопнут, как мыльные пузыри,
А я за нею готов, как за правдою
Мчаться, намёком лишь — позови.

Плевать, прямая или парабола –
Кратчайший путь до святой казны,
И сколько б узлов ни давал корабль
Её — я все разрублю узлы!

Одно мгновение — и я на палубе,
Горячий от скорости и шизной,
Свалюсь на колени сомлевшим парубком
Под полосатый её шезлонг.

В коленях острых голову спрятавши,
Себя и её за разлуку кляня,
Скажу — ну, здравствуй, моя падшая —
Богиня, падшая до меня.

11.

Не до страсти. Не до старости же
Донести безумства груз.
Не до нежности. Достанется ли —
И загадывать боюсь.

Не до ласки. Это марево
Не сквозь мили протянуть.
И не до бездонья карего —
Слишком просто утонуть.

Не до поклоненья рабьего,
Вот уж чей не сладок вкус.
Не до чуда. Ведь корабль её
Вряд ли вдруг изменит курс.

Не до смерти. Добиваться того
Жажда поросла быльём.
А хотя бы до двенадцатого
Жить. До голоса её.

12.

Опять дожди идут в горах,
Хоть горы далеко. На севере
В данайских каверзных дарах
Барахтаясь, ищу спасения.

Но, как бы смертный ни был глуп,
Я нахожу его, наверное,
В воспоминании о губ
Трепещущих прикосновении,

И в безоглядьи той ночи,
Чьи сладко лоб терзают тернии,
И во всём том, о чём — молчи,
Ибо слова — пустые термины.

Ибо, рассудок сном поправ,
Одно (оспаривать посмеете ль?)
Я выиграл, жизнь проиграв —
Неутолимое бессмертие.

13.

По дождю к тебе иду, по дождю,
Как по лужам, по мильонам любвей,
Подошлю к тебе мечты, подошлю,
Словно стаи голубых голубей.

Люди думают, что только в кино
У животных неестественный цвет,
Но парит над голубою волной
Моей музы непосредственный след.

Физик скажет — отраженье волны,
Нерассеянный ультрафиолет...
Что же, физики во многом вольны,
Кроме лирики, и в том мой секрет.

Ты-то думаешь, что я отлюблю
И скажу без экивоков — прощай,
Только лучше я себе отрублю
Счастье, словно Голиафу праща,

Если только счастье то — без тебя,
Голубей запорошила пурга...
Если любишь — жить нельзя, не любя.
А не любишь — жить нельзя ни фига.

14.

Ты меня не забыла? Забыть невозможно меня,
Стиснув зубы, сквозь силы досадного судного дня,
Где распятый пророк, прописной записной судия,
Нам напрасно предъявит счета за грехи бытия
И, сминая ладонью осклизлые вёрсты дорог,
Преподаст нам бездомья, бездолья, бездонья урок.

Ты меня не забыла? И этого пыла — не трожь.
Ты меня не знобила, ты била меня, словно дрожь.
Ты купила меня с потрохами, до краешков рта,
Со стихами, в которых отныне царит немота,
Ибо это безумство не в силах поверить словам
Паж смешного искусства, так преданно проданный вам.

Ты меня не забыла? Ты просто меня забрала,
Забрела, загубила и вечность в награду дала,
Зашутила, и снова, немого сиротства пророк
Я ступаю на свой неизвестный доселе порог,
Чтоб разбило, распяло, впаяло в забвенья торос!
Ты меня не забыла? Какой неуместный вопрос...

Ты меня не забыла? И лишь сквозь немеркнущий сон,
Через боль, каковою, как снегом, навек занесён,
Над распахнутым ртом чернотою манящих могил
Я отвечу глумливому — я ли тебя не забыл.

15.

И вновь у чистого листа
Томлюсь в тисках страстей и Болдин.
Ты — боль моя и немота
Высказыванья этой боли.

Мой бог, зачем ты создал звук,
И одарил его владеньем,
И многократным совпаденьем
Несовпадения разлук?

Ещё полдня. Придёт сентябрь,
И понесётся время рысью...
Бьюсь обессиленною рысью
В собой расставленных сетях.

А выход есть. Он одинок.
Он неустанно непрестанен —
Дождаться и припасть устами
К ладони, узкой, как клинок.

16.

Ты мой дождь, пролилась — и уже не просохнуть.
Ты мой крест, навалилась — уже не снести.
Ты мой свет. Ты мой сон, из безумия соткан.
Ты мой грех, ты мой бог, ты мой чёрт во плоти.

Я твой раб. Я твой царь, чей престол так непрочен.
Я твой зов. Я твой лев, или я твой слюнтяй.
Ты мой век, неожиданно ставший короче.
Ты мой мир. Ты мой август и даже сентябрь.

Ты награда моя и моё наказанье.
Сладость губ. Нежность рук. Ты мой замкнутый круг.
Ты мой друг. Ты мой рок. Ты мой миг несказа́нный.
Ты мой самый заветный неска́занный звук.

17.

Чем ближе твой приход, тем глуше мой язык,
Туманней бездна глаз любимого лица.
И варево разлук — не солоней слезы,
Не горячей огня, не тяжелей свинца.

Так вот что принесла в награду за труды
Измученной души осенняя листва:
Тупую сонность век — обыденность беды,
Сгоревший фейерверк — рутину волшебства.

Итак, увы, итог, развеян сладкий миф,
И всё-таки судьба, чьё зна́менье — заря,
Ответь — признает ли, вернувшись, Суламифь
В обличии раба смятенного царя?

Тяжёл небесный свод. Судьба хранит ответ
В белёсых облаков изменчивости форм.
Прощай, моя любовь... Нет, я навек отверг
Изысканность любых позиций и платформ.

И что бы там ни ныл лирический герой,
Какой бы ни грозил классический Содом,
Я — автор, и судьбе швырну — да дуй горой!
Мы с музой без тебя решение найдём.

Пусть в знамени моём закат, а не заря,
Пусть даже, как плебей, я фишку не рублю
В Монтенях, Мирабо, Верхарнах и Золя...
Всех в задницу, затем, что — Я! Тебя! Люблю!

18.

Как дождь умыл лицо упрямых мостовых,
Где, кажется, вчера твой лёгкий след оставлен.
От этого угла судьбу свою листаю,
Суровый манускрипт скрижалей листовых.

От памяти души не сделавшись мудрей,
Свершаю поворот заржавленной страницы,
Отметив в энный раз, что нечему сравниться
С тобой, царица снов наивного Мегрэ,

Искателя следов на мокрой мостовой,
Адепта миражей, и нюхателя снега,
И акушера слов, чьё сердце-часовой
Легло под ятаган любовного набега.

Немало с той поры исхожено дорог,
Но, вёрстам и годам смешным опроверженьем,
Я не могу понять — а где же ветерок,
Забывший с луж стереть любимой отраженье?

19.

До свидание, Болдино, царство осенней мечты,
Разукрашенный красным и жёлтым Эдем мой закатный,
Мир, где столько бессмертных недель я был счастлив почти
И надеюсь быть счастлив, конечно же, неоднократно.

Наступить холодам неожиданно вышел приказ.
Я вершу моцион по твоим облетевшим аллеям.
Есть такая болезнь у людей — мы любовью болеем,
И врачам никогда от неё не придумать лекарств.

Хорошо, что сужденья мои не имеют значенья,
А имеет значение взгляд, устремлённый туда,
Где последняя бьёт за кормою струёю вода,
И виднеется пристань. И мне ли искать излеченья,

Если сам я зажёг тот костёр, на котором горю,
На котором варю своё зелье веселья с печалью
И в несчитанный раз говорю, говорю, говорю,
А заветное слово — опять притаилось в молчаньи...

И, в осенней тиши немотою святою снедаемый,
Улетаю мечтой в глубину неземного пространства.
Раздаётся гудок, опускается трап... До свидания.
До свидания, Болдино. И без паузы — Болдино, здравствуй.

БУЛЬВАРНОЕ КОЛЬЦО

Это не поэма. У неё нет логического начала/конца и других атрибутов цельного законченного произведения. Это не цикл стихов, объединённых какой-либо общей идеей, темой, и в то же время разных, написанных на протяжении какого-то отрезка времени, пусть неограниченно малого, но всё же — не на одном дыхании, как обычно пишется одно стихотворение, чем данное произведение тоже не является. И, наконец, это, увы — не поэтический подвиг, каковым мне тогда представлялась идея пройти, не останавливаясь, всё Бульварное Кольцо в Москве, и написать по стихотворению на каждом бульваре, прямо на ходу. Просто была весна, мне было 20 лет... Уже нет бассейна Москва. Большинство рифм вызывает тошноту... Осталось лишь то, что, по-видимому, и есть этот жанр — признание в любви.

Аркадий Дубинчик

Я памятник себе воздвиг.
Вот захотел — и он возник.

1.

Снова жизнь мою порвали,
Как опасный документ.
На Суворовском бульваре
Я стою, как монумент.

Средь весны стою, суровый
Каменеющий болван,
Вот бы мне, как тот Суворов —
Заиметь себе бульвар...

Слышишь — чу — звонят мониста,
Конь кусает удила,
Кабы ты, моя министр,
Документик берегла...

Ну-ка, гром аплодисментов,
Разгони мою тоску,
Не желаю документом,
А желаю монументом
Украшать мою Москву!

2.

Что я гений — поймут не скоро.
Только в этом ли дело? Брось.
Мне бы с Пушкиным по Тверскому
Прогуляться, сжимая трость.

Даты-циферки — в долгий ящик,
Я века совмещу вполне.
О словесности об изящной
Поболтали б наедине...

Расцвела по весне Москва-то.
Ладно, что о них, о стихах...
Видишь, Саша, вон — твой театр,
А который направо — МХАТ.

Вот идут студентки-подружки.
Я — за этой, а ты — за той...
Саша, памятник видишь? Пушкин.
Рядом с ним? Догадайся кто...

3.

Это что за дело, здрасьте,
Чтоб на всех блудниц — камней!?
На Страстном бульваре страсти
Разгораются во мне.

Я сегодня друг удачи,
Сто проблем разрешено.
Здесь — Бульварное, а значит —
Здесь им всё разрешено.

4.

Всё тоскую, всё жирею,
Во дворцах — не мой портрет...
Я немного сожалею,
Что живу не при Петре.

Мне бы знания и силу,
Что сейчас имею я —
Я воздвигнул бы Россию
На вершину бытия.

Я придумал бы сосиски,
Кинозалы и метро,
И с собою царь российский
Посадил меня б на трон.

Он такой, что надо, в доску,
Всем велел учить букварь...
Всё же верно, что Петровским
Озаглавили бульвар.

5.

Иду и по лепесткам обрываю
Своё поэтическое естество.
А здесь, по Рождественскому бульвару,
Видать, хорошо гулять в Рождество...

Он спину свою, словно кошка, горбит,
Весенним солнышком облучён.
Он мысли рождает во мне. А Роберт,
Как и во многом, тут ни при чём.

6.

Учиться брось, пойдём с весною встретимся,
Устроим под капелями гульбу...
А почему бульвар зовётся Сретенским —
Я тоже совершенно ни бум-бум.

Пусть в двух заветах мои знанья средние,
На это апеллировать смешно.
Хорошее, наверно, дело — Сретенье —
Раз было здесь оно совершено.

7.

Ах, Москва, обиталище каменных гениев,
Лбов, увенчанных лавром, парад пасторальный.
Снова встретился мне Александр Сергеевич.
Он стоял, повернувшись спиной к ресторану.

Постаментом бродили герои Наследия...
Грибоедов, ну что вам нарпитское чудо?!
Там за этою штукою плавают лебеди.
Не сейчас? Потеплеет немного — и будут.

Ах, краса-ресторан, ах, отрада похмельщиков!
(Хотя может они за поэзию пили?)
Молодец Александр Данилович Меншиков,
Что очистил пруды ото всяческой гнили.

Может, время придёт — этим методом дедовским
Мы возьмём ресторан, и... Хотя это трудно.
Я, конечно, назвал бы бульвар Грибоедовским,
Если б не был он назван уже Чистопрудным.

8.

Крепким шагом иду, матросским,
С головою залез в стихи.
Вот бульвар. Зовётся Покровским.
Он покроет мои грехи.

По деревьям мальчишки лазают,
Дребезжа, прокатил трамвай.
А господь оживил таки Лазаря,
Ободрав с него покрова!

Всё иду, всё стихи вынашиваю,
А бульвар от весны дрожит.
Он покроет меня по-нашему
И под ноги мне побежит.

9.

Топаю, собой обуреваемый,
За косички рифмы теребя.
Всё-таки на Яузском бульваре мне
Не хватает именно тебя.

Впереди — дорогу преграждает мост,
Здесь — коляски вышли погулять.
Всё-таки не падает рождаемость —
Есть весна, способная влюблять.

10.

Моё сердце собрату открыто. Сиречь:
Здравствуйте, Николай Васильевич.
Пусть в платочки старушки крестятся набожные,
Ну же, слезьте, давайте пройдёмся до набережной.
Посмотрите, погодка на улице та ещё,
Ну же, ноги промочим в звенящем и тающем
Почерневшем последнем заснежье Бульварного,
Мимо полного хлорки бассейна-аквариума,
Где (плевать, что вода вокруг капельку ржавая),
Словно рыбки, снуют москвичи моложавые.
Вы — маститый художник словесного варева,
Вы такой же, как я, обитатель Бульварного.
Я — весёлый поэт поколенья повального,
Закопайте меня под асфальтом Бульварного —
Всё равно прорасту, чёрт те что ещё вытворю.
Даже если меня не поставят гранитного
Современники по своей ограниченности,
Всё равно я останусь! Такой...Органический.

―――――――――――

Я тут правду писал буквальную,
Я себя изложил, как мог,
Я романы люблю бульварные,
Сигаретный люблю дымок.

Я плохой, я подобен роботу:
Есть программа — давай чесать!
Недовольны? Ну что ж, попробуйте
Сами так пройтись — написать.

21 марта 1985, Москва

СПОТЫКАЮЩИЙСЯ БРЕД

Вот, любезный читатель, ответить изволь:
Что Гекубе московского смога бемоль,
Непреложный минор и гитарная вотчина,
Чтоб, едва оперившись, пятнадцати лет
Отродясь, депрессивно писал бы поэт
И строку начинал бы словами «Всё кончено»?...

В каноническом перечне смертных грехов
Есть лакуна, и это — сложенье стихов.
Тяжелей воровства, но сюда не причислены
Ни щенячьи погрешности техники, ни
Угреватый апломб, и — Господь их храни
Без разбору — в Джорджтауне ли, на Пречистенке...

Владимир Самойлович

И без устали, и без устали,
Никого немотою не тронувши,
Я иду первозданною пустошью
Новорожденный, завороженный,

От скорлупок очищенный наголо,
Целый мир считающий мелочью,
И ни с кем ещё не одинаковый —
Не успел ещё, не сумел ещё.

23 апреля 1982, Москва

Жил певчий дрозд

Беда, певец попал в неволю.
Стена оконного стекла
Его усталой головою
Не раз проверена была.

К нему тянули люди руки,
Давая пищу, но взамен
Они желали, чтобы звуки
Поили серый сумрак стен.

Но он не пел, а с новой силой
Бросался телом на стекло.
Там — всё, что есть, и всё, что было
Счастливо, вольно и светло.

Душа не ведает обличья,
С любым из них — один конец.
Бывает так, что в перья птичьи
Природою одет певец.

И было так: однажды в вечер
Он снял покров пределов тьмы,
И вырвался дрозду навстречу
Звон им разрушенной тюрьмы.

Закат вдруг вспыхнул ярко-красным,
Раздвинув дым и облака,
И в мире не было прекрасней
Того кровавого комка.

Потом он умер. Кровь струилась
По водам мутного ручья.
Душа в последний раз забилась
И смолкла, боль и скорбь тая.

1980, Москва

Диалог

— Ты простой, как керосиновая лампа.
— Ну так вытри же от копоти...
— Мог почиститься и сам бы,
А не распускать здесь сопли.

Если ты такой — я тоже.
Думаешь, выходит весело?
Вот Вийон — не знался с ложью.
— Тот, которого повесили...

23 сентября 1981, Москва

С.Д.

За настойчивостью вьюги,
За картавостью дождя
Всё искали мы друг друга,
Мимо, мимо проходя.

Всё искали мы, как дети:
Я — тебя, другого — ты.
Но ему на этом свете
Не начертаны следы.

Всё искали мы губами
Губ и слов погорячей...
Но вплелись узором в память
Дождь, метель и звёзд ручей.

13 октября 1981, Москва

***

Выбежать, как безумный,
В сон тишины полуночной.
Города нежный сумрак
Слушать, бродя по улочкам.

Лёгкого ветра духи
Снежным объяты бисером.
Может быть там стихи,
Что ещё не написаны.

Белых сугробов листы
Прячут лицо за полночью.
Может быть там мечты,
Что никогда не исполнятся.

Мимо бегут мгновения,
Острые, будто ножницы.
Главное — вдохновение,
А остальное — приложится.

13 февраля 1982, Москва

Пловец

Ираклию Квирикадзе

Пустыня волн полна борьбы,
Душа сплелась с бурунной одой,
Лишь здесь ты обретёшь свободу,
О суете мирской забыв.

Времён связующая нить
Не рвётся под ударом шторма.
Всех гонит из родного дома
Извечное желанье — плыть.

Плыть, плыть и не глядеть назад,
Умыть лицо в солёных брызгах,
Чтоб воцарились в этой жизни
Ушедших предков голоса.

Цель не важна, она — пустяк.
Плыть, руки распластав над ветром,
Чтоб выйти на берег заветный
Столетия спустя.

15 марта 1982, Москва

***

Знаю, чем велик ветер —
Только на ходу полном
Можно обрести вечность,
Самого себя вспомнить,

Скомкать и порвать маски,
Рукоятки сжать твёрдо,
Не стесняясь есть мясо
Всех своих врагов мёртвых,

Сразу выше стать ростом,
Осознать себя богом,
Наконец — летать просто...
Ползать — это так больно.

18 апреля 1982, Москва

Выпуск

Мы уходим, мы все уходим.
Кто куда. Кто откуда. Кто с кем.
Не знаком. Не страдаю. Годен.
Штамп на бланке. Всё. Бланк в руке.

Бланк в руке. А рука — в кармане.
А карман — в моём пиджаке.
До свидания. До свидания.
Штамп на бланке. Всё. Бланк в руке.

24 мая 1982, Москва

***

Тихий парк, решётка резная,
Стук ракеток с теннисных кортов.
Все спокойны. Никто не знает,
Что Иуда гуляет по городу.

Переулками, подворотней
Он проходит, себя успокаивая.
Что найдётся бесповоротней
Той дороги его к раскаянию?

Нетерпением пальцы искусаны,
А глаза почему-то блёклые.
Это, видно, тоже искусство —
Предавать. И искусство нелёгкое.

Совершить. И ещё в ночи,
Возле драки кабацкой потешной
Тридцать сребренников получить
Из ладони чьей-то вспотевшей.

Кто-то после отыщет причины —
Слабоумие, ревность, гордость...
Ничего ещё не случилось.
Лишь Иуда гуляет по городу.

30 мая 1982, Москва

***

Не сказано — не сделано,
Ни проще, ни сложнее.
Идут по миру демоны,
Одетые в шинели.

Богемные изгнанники —
Одно сплошное сердце,
Апофеозны паники,
Распятые на сексе.

Атланты портупейные,
Кровавые мозоли,
А соловьиным пением
Окрашен лепрозорий.

Туда дорога бренная,
Но нет её вернее.
Идут по миру демоны,
Одетые в шинели.

25 июня 1982, Москва

***

Всё кончено, несутся кони вскачь
Сквозь чувства, настроения и лица.
И детство, как гвоздём пробитый мяч,
Поблекшей тряпкой в уголке пылится.

Остановить нельзя тот конский бег.
Он кем-то выверен, все возраженья тщетны.
А прошлой ночью мне приснился снег,
Из лета зиму сделавший зачем-то.

К утру он стаял сотней ручейков,
Оставленный сообщницей луною,
И вскоре превратился в Рубикон,
Который оказался за спиною.

23 июля 1982, Москва

Я иду по улице шумной,
Непонятный весёлый шулер,
Сам себе и деверь, и шурин,
Сам себе и шапка, и шуба,
Сам себе и Шуман, и Шуберт.

5 ноября 1982, Москва

***

Толочь не жаждя воду в ступе,
Ты утверждаешь, что вина
За все грехи, за все проступки —
У нас упрятана в штанах.

И всё же с этой догмой шаткой
Я соглашаюсь, не шутя,
Ведь что упрятано под шапкой —
Увы, невинно, как дитя.

26 ноября 1982, Москва

***

Неведомыми трассами
В былое уходя,
Господь стучит по насыпи
Крупинками дождя.

Вагона промелькнувшего
Заплакано окно,
Познать крупинки сущего —
Не каждому дано.

Я — не познал. Напрасно ли,
Нарочно ли — пустяк.
Господь стучит по насыпи
Крупинками дождя.

19 декабря 1982, Москва

Режим

Спотыкающийся бред
Небом был дарован
Как-то ночью в декабре
В пять минут второго.

Но, предчувствуя весну
Непонятным трепетом,
Я забылся и уснул
В половине третьего.

20 декабря 1982, Москва

СЕСТРА ТАЛАНТА

Как известно, афоризм — это роман, из которого выбросили всё лишнее. То же самое, видимо, можно сказать и о малостишиях — так для удобства можно называть короткие афористичные стихи, из которых и состоит этот раздел.

Простой арифметический расчет показывает, что из одного стихотворения в двадцать, скажем, строк, можно без дополнительных затрат получить пять четверостиший. Или десять двустиший. Дальше расчёты проводить не буду, ввиду их возрастающей сложности, но уже понятно, каким образом можно легко и непринуждённо стать автором слабоограниченного числа произведений. А не всего лишь, к примеру, двух, подобно бедняге Гомеру.

Но, поскольку вменяемые люди такого, как правило, не делают, приходится признать, что арифметикой тут всё не решается, а имеются дополнительные сложности.

Заключаются они в том, что хорошее малостишие — это не просто несколько зарифмованных строк, содержащих законченную мысль (что само по себе непросто), но и одновременно словесная игрушка, ювелирное изделие, философская притча, а порой, вдобавок, ещё и сатира, шарж или анекдот. И это всегда, без исключения, сюрприз, который никак не просчитывается заранее.

Лучшим признаком того, что произведения этого жанра написаны талантливо и мастерски, служит изумлённый стон читателя: «Блин, ну почему не я это придумал?! Вот же оно, прямо здесь, рядом!».

Примерно, как я постанывал, когда читал Аркашины малостишия. И если вспомнить название этого раздела, то Аркадий Дубинчик — несомненно, брат своей сестры.

Михаил Волков

***

Я детство своё провёл в Эстонии,
Живущей, баркасы Петровы храня.
И я непременно войду в историю,
Как эта история — вошла в меня.

***

Пахнет кровью, дерьмом, валютцей...
Несравненно собою горд
В бутафорском венке революций
Девяносто какой-то год.

***

Умом Россию не понять,
Аршином общим не измерить,
В Россию можно только верить
И, стиснув зубы, обонять.

***

Наши клятвы нерушимы,
Даже если нарушимы!

***

И долго буду тем опасен я народу,
Терзая ухо и смущая глаз,
Что в наш прекрасный век возжаждал кислороду
И отвергал их веселящий газ.

***

Конь у Истории под седлом
Дорожки намертво вызубрил заживо.
Поэта убили в тридцать седьмом.
Какого века — даже не важно.

***

Как часто правды родники
Стекают прямо в рудники.

***

Словно фарс на крови — час Быка полушарья иного,
Время вяжет петлю, не дано развязать узелка,
И мученье молчанья, мрачнее влечения слова,
Пеленою в пустые глазницы течёт из зеркал.

***

Город чёрный, город чёрный,
Ярких вывесок неон,
Дышит в спину обречённо,
Только обречён — не он.

***

Звуки любви ещё издаёт болезнь —
Это дыхание тяжкое, хрипы, стоны...
Господи, конечно, спасибо за то, что мы есть,
Но почему не — Куда мы? Зачем мы? Что мы?

Кармен

Чёрные косы под небом Испании,
Крик кастаньет.
Это безумие вырвать из памяти —
Способа нет!

***

Жизнь законным кончилась концом,
Сдохли все Амуры и Пенаты,
Что казалось свадебным кольцом —
Оказалось лишь чекой гранаты.

***

Я просто не могу влюбляться
И вожжи отпускать романам,
Когда вокруг такое блядство,
Которое не по карману.

***

Проведя свой воскресный досуг на гражданке ЭнЭн,
Молодой бизнесмен Николай из правления банка,
Чтобы вновь не попасть нимфоманке разнузданной в плен —
Утолил ощущение страсти последством рубанка.

***

Мне не хочется вас задеть,
Но мне хочется вас раздеть.

Частушка

Хрен у дролечки — два дюйма,
Я, девчонка, радуюсь.
Кто-то скажет — ну и дура...
А ведь это — радиус!

***

На девятом этаже
Бродит баба неглиже.
А в душе... А что в душе?
Вы ещё, а я уже!

Язык

Я обсуждал вопросы пола
С одной агенткой Интерпола,
И я изрядно натрудил
То, чем её не убедил.

***

Машет мальчик головой.
Хочет жизни половой.

***

Вот умру — и одалиски
Мне поставят обелиски.

Средь зубовного кишлака
Погибает нерв-аксакал.
Это порция мышьяка
Хочет вылечить мне оскал.

***

Горбат проспект, пузата высь
И ходит, облака расставив.
Во мне живёт позитивизм,
И никогда он не растает.

***

Зоопарк. Папиросный дымок.
Холод.
Даже слон засунул между ног
Хобот.

Иго-го

Нивы сжаты, рощи голы,
Нет ни хлеба, ни воды.
Это всё татар-монголы —
Косоглазые жиды.

***

Мне совесть — детский плач. Когда ребёнок плачет –
Я не могу остаться в стороне.
Я не могу молчать. А это значит —
Что тот ребёнок плачет обо мне.

***

Пионеру-герою Марату Казей
Фашисты выкололи глазей.
Но ничё не сказал пионер-герой.
Вот такие крутые мы — хоть урой!

***

На детях гениев природа отдыхает —
Пьёт водку, смотрит телевизор без затей...
А гений, между тем, ебошит и пахает —
И всё ради детей.

Скороговорка

Заварила грымза брынзу.
Та ж — не удалась, гюрза.
Щас по хрюслу грымзе брызну,
Чтоб следила брынзой за.

***

А у Коли и у Веры
Обе мамы — изуверы.

***

Пока не требует поэта к священной жертве Апулей,
Пока не требует поэта к суровой жизни прокурор,
Пока не требует поэта, ещё не требует поэта...
Но вот потребует поэта...
Налей, товарищи. Налей!

9 мая 1995

1.

Когда б я по несчастию застал
То время — время в бой ведущих мумий —
Я умер бы за Родину, за Ста...
А значит — никогда б уже не умер.

2.

Мордатый лидер, трубадур трибун,
Перебирая лозунгов мониста,
Страну родную выдудит в трубу
Погибшего безусого горниста.

3.

Могендовид под майку припрятав для вида,
О победе запеть, забивая «козла»,
Над страной геноцида — страны геноцида,
И империи зла — над империей зла.

4.

«От Москвы до самых до окраин,
Всяких Беларусей и Украин,
От чучмеков и до самых чукчей
В годы нашей славы и беды
Русские войну познали чутче,
Чем американы и жиды.»

***

Я самый умный — но ненадолго,
Я самый сильный — но не на свете.
Полдня уходит — на подготовку,
А остальное — на пустоцветье.

***

Закружила меня весна-кружевница,
Заклубила моё лицо пухом тополя,
И в душе моей, штопаной-перештопаной,
Заболела очередная страница.

***

Бродит жизнью публика веселящаяся,
Новейших идолов покорная паства.
Одиночество — личинка, в мозгу поселяющаяся,
Выедает череп осклизлою пастью.

***

Я вырасту из тротуарных плит —
Цветок без лепестков, певец, лишённый речи —
Чтоб зноем города, как морем, плыть
К материку спасительного вечера.

ТЕКСТЫ НЕНАПИСАННЫХ ПЕСЕН

Дорогой мой друг Аркадий!

Ты хочешь, чтоб я сказал несколько слов о твоих стихах, не ставших песнями более 20 лет назад, да ещё и в другой стране? Я заметил, что относишься ты к ним с некоторым предубеждением. Это понятно. Сегодня ты пишешь иначе, понимаешь больше и более требователен к себе.

Но и напрасно ты так строг к себе тогдашнему. Да, это ещё не стихи мастера, но стихи поэта. Они дышат всеми своими строками и удачными, и неудачными с сегодняшних твоих позиций. Они цельны, в них ничего нельзя поменять, не сбив этого дыхания. Порадуйся им, как радовался, когда только сочинил их. Они этого достойны.

С братской любовью,

Юрий Лорес

Тройка

Ни порфиры, ни погоста,
Ни начала, ни конца...
Это, братцы, нынче просто
Мчится тройка в бубенцах.

По озёрной колыбели,
По лесному полотну,
То ли к чёрту, то ли к цели,
Вёрстам объявив войну.

То ли свадьба, то ли траур,
То ли шёлк, а то ли креп...
Залихватскою отравой
Мчится тройка в январе.

То ли месяц, то ли солнце
Нынче на небе судьбы,
Рысаки ли, иноходцы —
Не догнать, не долюбить.

То ли к Яру, то ли к Риму,
То ли задом наперёд
Мчится тройка мимо, мимо,
А меня не подберёт.

19 февраля 1983, Москва

Год Обезьяны 1

Под утро, когда утихнут колкости и осанны,
Подвыпившие хозяева пойдут провожать гостей,
В нелепой пустой квартире возникнет Год Обезьяны,
Свисая с зелёной ветки на длинном своем хвосте.

Он скорчит такую рожу, какую непросто скорчить,
Он ловко допьёт остатки, докурит бычок, и тогда —
Нахально к обоям импортным прилепит импортным скотчем
Безжалостный, искорёженный, новый свой календарь.

Там будет девиз: «Лишь время времени неподвластно»
На том языке, который понять немногим дано,
И чьей-то жестокой шуткою яркою краской красной
Отмечены даты рождения друзей, ушедших давно.

И с первым же звуком радио начнет Зодиака циркуль
Очерчивать безысходности шуршащую кутерьму
Пока не замрёт на странице, оборванной чёрной цифрой,
Какою-то странной датою, понятной мне одному.

И снова я буду плакать, прокуренный и поддатый,
В системе летосчисления напрасно искать изъян,
О, Господи, что мне делать с проклятою этой датой?
Зачем же мы происходим, люди, от обезьян...

1 Января 1992, Москва

***

Весна — пора суровых испытаний.
Не то, что отлетевшая зима.
В полпятого на улице светает,
Что есть некомфортабельно весьма.
И я встаю, усталый, но покорный,
Поскольку в бытия пучине злой
Очнувшийся от зимней спячки дворник
Скрежещет поредевшею метлой.

Я выхожу на улицу пустую,
Бредов, как миф, как в полдень чья-то тень.
Ах, неужели снова все бастуют?
Нет, просто на дворе субботний день.
Под крышей реет надоевший лозунг,
И автора его — ищи-свищи,
И злой волшебник авитаминоза
На роже множит мерзкие прыщи.

Какая философская картина —
Бак мусорный поставлен на попа,
И мыслей фантастический континуум —
Как в положенье это он попал?
Опять напутал жанр художник-город —
Вплетаются в помойки натюрморт
Вороны, утоляющие голод,
Приобретая внутренний комфорт.

Мой город голубиных обелисков,
Где круглый год за ломаный пятак
В ларьке дают сосиски по прописке,
А в подворотне — в морду просто так.
Где суетою каждый день ужален,
Где только грех и порождает смех,
Где я — его усталый горожанин,
Проснувшийся в субботу раньше всех.

А дворник моет шлангом указатель,
Что запрещает правый поворот,
И это есть весомый показатель
Того, что чистоплотен наш народ.
А я смотрю на то, как дворник моет,
И думаю, резонам вопреки,
О том, как было здорово зимою,
Как мы вострили лыжи и коньки.

А с той весны, никак не угадаю,
Как много утекло, о, боже, лет...
И носом утыкаюсь и рыдаю
Я в дворников оранжевый жилет.
Но город мой рыданьями не купишь,
И оттого весёлая весна
Показывает мне зелёный кукиш,
А это показательно весьма.

2 июня 1990, Москва

***

Из-под колёс по мостовой пыль придорожная мечется.
Женщина-вамп в дымке духов чёрным заденет плащом.
Что я забыл в этом краю — только молчать, да калечиться,
Да не забыть про «почему», выпытав «что» и «почём».

Тройки судьбы шляхом летят, к часу Быка — подморозило.
Пористый снег серых полей стонет, с морозом блудя.
Что ж ты застыл на берегу этого мёртвого озера,
Словно в глаза высшим мирам — в звёздное небо глядя?

Как ни мечтай, то, что ушло — тем, что придёт, не заменится.
Имя её в сгибе руки порохом не прочерню.
И на пути у острия вновь поднимается мельница,
Чтоб не забыть «что» и «почём», даже узнав — «почему».

Плоти претит круговорот. Мыслям, мой милый — тем более.
Тройки несут, больше в расчёт не принимая возниц.
Счастлив ли я или пропал с нею, с другою, с тобою ли,
Если опять глаз не видать в этом подобье глазниц?!

Из-под колёс по мостовой пыль придорожная мечется.
Женщина-вамп, мимо пройдя, мятым рублём подарит.
Но на пути у острия — вновь поднимается мельница,
Имя её — в сгибе руки чёрной строкою горит.

15 мая 1994, Москва

***

Щекою на руле. Все стрелки на нуле.
Жара, и пресса трёт пот фотоаппаратом.
А друг лежит в земле. Лежит в чужой земле.
Навек в чужой земле, в воронке под Гератом.

Он зелен был и прост. Он зря поднялся в рост.
Обстрел, он не успел — продолжил счёт утратам.
И что его жене хоть тысяча Женев?
Во сне ей, как и мне — воронка под Гератом.

Авось свинья не съест. Придёт партийный съезд.
Закрытое письмо зачтёт с трибун оратор.
Всё на своих местах. Зачем же так пуста
Душа, себя лиша воронки под Гератом...

15 июля 1988, Москва

ЭКСПРОМТЫ

1. вот что сказал а д [аркадий дубинчик]: «В этот раздел вошли некоторые экспромты (стихи, написанные сходу, за физическое время занесения слов на бумагу или в компьютер).»

2. я не обязательно доверяю этим словам и не потому что их автор сказал сознательную неправду [напротив это довольно точное описание технологии экспромтного творчества] а потому что а д в данном случае не учел параметр опыта сочинительства или мастерства наработанный годами практики и позволяющий его автору с импровизационной легкостью смоделировать неэлементарно зарифмованные рефлексии, иными словами я предполагаю что это все в действительности отредактировано таки в голове специальными сочинительными нейронами работающими у правильных людей гораздо быстрее скорости печатанья на машинке или петельной [от слова петь] и произносительной способности голосового аппарата.

3. идеологически экспромты это в том числе и артефакты находящиеся за полями супер серьезных и супер мучительных откровений большооооооооой русскоязычной поэзии и мне лично это сингулярность близка [так же как и теоритические родственники жанра экспромтов – поэтика пушкина хармса и некоторых российских хип-хоперов].

4. я также надеюсь что читатель в курсе того что экспромты [как эти так и вообще] это в том числе и указатель на квантовую физику от поэзии начальные координаты которой никому неизвестны и не могут быть просчитаны заранее заранее заранее заранее заранее заранее заранее заранее заранее заранее заранее заранее заранее заранее заранее

zner [вадим певзнер]

230

Станс

Уж старость зарождается в нутре.
Уж седина макушку прожимает.
А я все так же езжу на метре.
Все так же во дворце не проживаю.

И кучер мне не подает ландо.
И миллионов не несут за ямбы.
И президент не подает ладонь...
Но тут уж я побрезговал и сам бы.

5 февраля 2002, Вашингтон

***

По поводу количества плодотворных дней

Пересеклись скрещённые пути.
Опять не выбрести.
И не затмит осмысленность пяти —
Бессмысленность трёхсот шестидесяти.

Предназначение дыханья — спеть —
Судьбы испарина,
Когда ежеполугодична смерть,
С рожденьем спарена.

Наивный пафос разуму претит,
Пора бы вырасти...
Но не затмит осмысленность пяти —
Бессмысленность трёхсот шестидесяти.

10 июня 2002, Вашингтон

Про холодильник

Я чего так разорался —
Холодильник расхворался.
Не, замерзнешь — как Мересьев,
Ночью взвоет — ухо треснет,
Палец дверцею прижмёшь —
Ощутишь в пружине мощь...
Вот давать еду назад —
Разучился агрегат.
Положил в него икру —
Рассосалась вся к утру.
Что до сыра там, колбас —
Исчезают через час.
Даже водка Абсолют
Смылась вдаль за пять минут.
Видно, инопланетяне
Над квартирой пролетали,
И теперь живёт в стене там
Нуль-портал к другим планетам.
Гуманоиды на травке
Все жируют в нашей хавке,
Килограмм родной и литр
Потребляют, идиоты...
Помоги нам, служба быта,
Офигенно жрать охота!

23 мая 2003, Вашингтон

Грамматическое

Ночь наступила. Цирк опорожнился.
Троллейбусами граждан развезло.
На небе тучном месяц прояснился.
Лишь всунутое девушке весло

В ладонь, одно топорщилось над парком.
Офуражённый Клавовый жених
Всем брошенным повсюду снова палкам
Ругался, спотыкаяся об них...

13 июня 2003, Вашингтон

***

(Про туризм)

А в саванне бабы дерутся молча.
Только ногти хрустят, когда они мочат
Не в сортире друг друга — откель сортирам
Оказаться в странах третьего мира?
Только чавк мослов — там лодыжка, голень...
Иль голяшка — анатомию кто ж догонит...
Только скользь зубов по мокрой от пота
Целлофановой юбке, взятой для понта
У туристки за три крокодильих бивня...
Так дерутся бабы — глядеть противно!

23 сентября 2003, Вашингтон

Банналы

История банальна, сколь ни гавкай
(Будь ты чеченец, эллин, иудей...) —
Безжалостный домовладелец Авгий
Всегда горохом кормит лошадей.

Афины, Фивы, Спарта и Итака —
Как выспренне б пространство ни звалось —
Везде Геракл быстро встанет раком
В «родной землёю» названный навоз.

Любые власти ладят меч дамоклов
(Ему — водица-кровь, вино-моча),
Чтоб гордая общественность промокла
От жидкостей, стекающих с меча.

9 декабря 2004, Вашингтон

***

Чёртов письменный стол, мой прокрустов алтарь,
Средоточье печальных бравад...
Снова век-волкодав мне вцепился в гортань.
Я — не волк. Но ему — наплевать.

Понапрасну молю — отойди, отпусти,
Струны рву по ночам немотой,
Сеть истрёпанных фраз растирая в горсти
И опять проходя мимо той,

Ошалевшей в дурацких труде и борьбе,
Отвергавшей родство и враньё,
Что когда-то напел равнодушной тебе,
Не пробив равнодушье твоё.

Но пускай он мне горло тиранит клыком,
Пусть строки никогда не верну,
Всё равно я уйду, вдохновеньем влеком,
Веку вечность поставив в вину.

8 июля 2005, Вашингтон

По поводу строчек Леонида Кримера
«...И пряный мед цветущей липы
плывет, качаясь, над двором...

...И пряный мед цветущей липы
Плывет, качаясь, над двором...
И Пятачок рыдает: типа
Иа пропал в сорок втором...

И молодые эти шмары
Губёшки красят на ходу...
А Винни-Пуха ждут кошмары
Об уплывающем меду...

Когда, победами потаскан,
В голодном вольном мандраже
Стоял он под Слонопотамском
На безымянном рубеже,

И пахла липа, как настойка,
Предсмертно выл Слонопотам,
И до победы было столько,
Что, кажется, вдохнёшь — и там...

И Кролик щурился над картой,
За шрифт ругая латинян,
И перед боем спирт накатывал
Кристофер Робин, лейтенант...

Над молодостью бесноватой
Метался липовый нектар...
Горшок не с мёдом прикроватный
Выносит нынче санитар.

Чья злая воля просчитала
Судьбу, потерями даря?
Иа давно осел в Чикаго,
Пройдя и плен, и лагеря...

И лишь порой в начале мая,
С кровати мордою к окну
Тянясь, уже не понимая —
Зачем трубит он и кому,

Он вспоминает, как без скрипа
К плацдарму шёл ночной паром...
И пряный мед цветущей липы
Плывет, качаясь, над двором.

28 марта 2005, Вашингтон

***

По поводу обсуждения поэтических пейзажей Нью Йорка
со строчками «И Верразано бритвой над заливом...
Бог с ним, с заливом — это ж не по горлу!»
Верразано — мост в Нью Йорке

И Верразано бритвой над заливом...
Бог с ним, с заливом — это ж не по горлу!
Ещё закат подарен... Но зари нам —
Не увидать, скитальцам непокорным,

Безудержно растратившим до срока
Шагреневые строки на спиртное,
К себе упрямо ищущим дорогу,
Которая, конечно — за спиною...

Границей жизни снова станет полночь.
Границей смерти снова станет утро.
Мы помним всё... Мы ничего не помним:
Счастливых лет незыблемую утварь,

И женщин обручальные молитвы,
И нежность — вкуса воронёной стали,
И дружбы одичалые поллитры,
Распитые под вечными мостами...

Апрель. И потому — светает рано.
Судьба. И потому — святеет реже.
И тень от Верразано, словно рана,
Упрямую волну границей режет

На прошлое с былым. Аплодисменты
Гортанные голодных чаек-бестий...
Среда. Очередное утро смерти.
Жизнь. Акварель. Художник неизвестен.

1 апреля 2005, Вашингтон

***

россия родина слонов,
им лишь её просторы снятся
слоны там ходят без штанов
чего на родине стесняться
в её заходят закрома
купают хобот в тихом доне
слон не какая то мума
хороший слон ни в чём не тонет
всех русским духом победи
и в русском поле хобот выпять
а ты ничтожный крокодил
иди рождайся в свой ебипет

27 февраля 2008, Вашингтон

241

На 8 марта

Хорошо писать стихи... без мата... —
Не умею. Хоть веди к врачу.
Ну да ладно уж. Восьмого марта
Как-нибудь себя укорочу.

Нет! Не в том, где вы решили, месте.
Там и так подобие дупла.
Просто каждой бабе, как невесте —
Хочется словесного тепла.

Ей, такой возвышенной и юной,
Применяя верный алгоритм,
Ласково шепну: «Джордано Бруно...» —
И она от радости сгорит!

8 марта 2008, Вашингтон

Ода

моему другу Вадиму Михлину

Продолжая эксперименты с фамилией Михлин,
Незаконный сын породившей нас с ним эпохи,
Вынужден приходящие в тело мыхли
Называть интимным, но искренним словом «похли».

Да и вправду сказать, направление их такое,
В неизведанные дотоле выси и дали,
Что едва успеваешь задорно вскричать «по коням!» —
Как немедленно понимаешь, что конь — педальный.

Кто же так устроил? Вчера — малышами вроде.
А сегодня — в пальто нырнувшие дяди Вади.
И едва помедлишь интимно раскрыться в оде –
Как рискуешь непринуждённо остаться в аде...

Остаётся только встретиться и напиться.
До потери подсознания наклюкаться остаётся,
Предпочитая редкое самоубийство
Каждодневному самоуёбству.

11 марта 2008, Вашингтон

243

Предчувствие

Предчувствие результатов выдвижения кандидата от Демократов.

До свиданья, дорогая Хиллари*.
Ты его по-честному любила
И была подругою нехилою
Клинтона, я извиняюсь, Билла.

Поведенья твоего похвального
Не ценила скудная планета,
Больше не видать тебе овального,
В губках практиканток, кабинета.

Быть тебе теперь простою бабою —
Наблюдать по телеку в прайм-тайме
Где-нибудь в Рейкьявике с Обамою
Некоего Медведева братанье...

Слёзы лить да собираться наскоро —
Вот удел, достойный декабристок,
Ты ещё выходишь на сенатскую
Площадь под холмом капитолийским,

Но уже предвосхищаешь, бедная,
Забытьё, забвение, болячки...
Мили полторы до дома белого —
Не дойти в реальности барачной.

Так что уезжай обратно в Олбани,
Выдай дочку и внучат баюкай,
Позабыв навек про этот долбаный
Город... А Маккейн**, конечно — сука.

4 июня 2008, Вашингтон

* Хиллари Клинтон — кандидат в президенты США на предварительных выборах от Демократической партии
** Джон Маккейн — кандидат в президенты США от Республиканской партии.

Пейзаж

Юго-Восток — несчастная страна.
Сезон говна здесь тянется два века...
Со скипетром — очередной калека...
И денег тоже нету ни хрена...

Но я люблю её прикольный вид,
Когда осенний лес, плеснув багрянцем,
Забредшего случайно иностранца
Весёлым ароматом удивит.

23 июля 2008, Вашингтон

Детское новогоднее

У Снегурки нету ручки —
Потому, что это внучка.
Но и в ней найдётся орган,
За который славно дёргать.
Знают зайчик и лисичка —
Этот орган есть... (правильно, дети!) КОСИЧКА!

8 января 2010, Вашингтон

ЧАСТЬ «РАЗНОЕ»

Уважаемый читатель!

Настоящим письмом рекомендую Дубинчика Аркадия Юльевича во вверенную Вам душевную организацию на должность стихотворца с исполенеием обязанностей барда. За долгие годы своего существования Дубинчик А.Ю. проявил себя тонким знатоком и созидателем рифмованных произведений искусства, дёргателем серебряных струн сердца, проникателем в человеческое подсознание, отличником болевой и поэтической подготовки.

Настоятельно прошу также не забыть прочитать раздел «Разное», состоящий из слов и знаков препинания, и прилагаемый к настоящему письму.

В случае возникновения дополнительных вопросов, касающихся личных качеств и трогательных строф, изобретённых Дубинчиком А.Ю., предлагаю незамедлительно связаться с нижеподписавшимся.

Прошу в моей просьбе не отказать.

Александр Маркман
Заслуженный читатель стихов Дубинчика А.Ю.

***

Мы целовались на перроне
Под липкий шёпот подлецов.
Детишек матери пороли
За неимением отцов.

Мешок заплечный, фляга, скатка...
Шагай, транзитный пассажир.
А ну-ка, кинь, цыганка, карту
И возвращенье предскажи.

Да вот судьба легла иная
Пиковой дамой на сукне.
Не ворожи, и сам я знаю
Про то, что брода нет в огне.

И стук колёс, как треск затворов,
И вой сирен, как звон ладов...
И есть ещё домашний творог
В тряпицах, чистых, как ладонь.

9 декабря 1983, Москва

Мне двадцать лет

Какая-то немыслимая птица
Вопрос долдонит в ходиках-часах:
Зачем, зачем я опоздал родиться,
Чтоб было двадцать — двадцать лет назад?

Чтоб проходить по улицам хорошим,
Ещё старинным, молодым уже,
И не жалеть о будущем, о прошлом,
И не смеяться от напрасных жертв,

И чью-то руку жать до онеменья,
По мостовой идти плечом к плечу,
И полюбить лишь так, как я умею,
Поскольку по-другому — не хочу.

От этих истин, слишком немудрёных,
Чтоб их дослушать просто без зевков,
Я различаю слёзы и знамёна
Сквозь двадцать лет — сквозь тысячу веков.

Но всё напрасно, ни к чему стараться.
От ужаса зажмуривши глаза,
Я жив, поскольку мне сегодня двадцать.
А это значит — двадцать лет назад.

10 марта 1984, Москва

***

Мне сегодня лишь двадцать. Этой маленькой цифры
Круглы формы, и голос мальчишески звонок.
Чертит небо прожектора рыщущий циркуль,
Плащ-палаткой укрывшись, молчат батальоны.

Как струна натянулась, звучать не желая,
Чтобы в нужный момент прозвенеть и порваться.
А земля за спиною — такая живая
И такая девчонка. А мне только двадцать.

Я ешё не умею умирать, если нужно!
Я ещё не умею... Но сердце и пуля.
А давайте я буду лишь немного контужен!...
Вновь приснилась война. Безнадёжно. Вслепую.

Я родился поздней. На войну не успел я,
Чтобы жить. Перед нею всегда виноватым.
Но когда б я ни умер — я умру в сорок первом.
И когда б ни родился — я рождён в сорок пятом.

8 мая 1985, Москва

***

А я, дурак, без памяти влюблён
В ту улицу с пожухлою крапивой,
В ту девушку, которая красива,
В ту пьесу, где погиб Пигмалион.

Она ещё на стадии ростка.
Там бродит, постепенно холодея,
Прекрасная, как все мы, Галатея,
Уже окаменевшая слегка.

28 апреля 1986, Москва

Написано на заводе по упаковке еды для животных

Вот и снова весна по полянам... Хмелеющий Пан
Спит в объятиях нимфы, допёкшей его до печёнок...
Шаловливых пейзанок, пакующих Педигри Пал,
Огненосные взоры из-под ниспадающих чёлок

Обещают так много, что кажется — лишь прикоснись —
И сгоришь, как свеча, как солярка, как швед под Полтавой.
Отойди в уголок, закусивши губу, и казнись,
Что не в силах глотнуть этой сладко манящей отравы.

Только знаешь, мой друг, всё равно не уйти от судьбы
Вновь и вновь повторять перед сном пять великих заветов,
Стартовать, как Икар, с венценосной котельной трубы
Прямо в небо страны уходящих полезных советов,

Где такая предстанет весны и пейзанок краса,
Это пиршество форм, неподвластное и Бенвенутто,
Что и сам я готов даже двадцать четыре часа
Паковать, как Бестром* — тридцать восемь ударов в минуту.

7 марта 1995,
Ступино (Московской области)

* Бестром – марка упаковочной машины

Жжж

Желание женщины. Жалко
Жёлтой жемчужины жизни.
Жаркое жало жестокости.
Жеманный жасмин.
Жгучие жесты Желябова
Жирным жандармам...
Желчные жёны,
Жаркие жабры желаний...
Жиронда Женевы...
Жидкая жалость...
Жасмин...
Ждущая жопа жизни!

4 июня 1986, Москва

«И дольше века длится день».
Журнальный вариант.
А человеку бриться лень,
Хоть он немного франт.

А человеку лень поднять
Жужжащий агрегат.
А человеку лень понять,
Что он уже рогат.

Пролит на брюки кофе. Соль,
Наверное, нужна.
На блюдце — гренки с колбасой,
Которые она

Ему готовила тогда
На даче поутру,
Когда замёрзшая вода
Звенела на ветру.

Ступни ей мягкий коврик грел,
Лежащий на полу,
И на губах ещё горел
Вечерний поцелуй.

Ах, чёртов день, ах, чёртов век!
И гренки с колбасой...
И тупо курит человек,
Небритый и босой.

21 февраля 1987, Москва

А не надо врать!

Плоть небесная была облаками изранена,
Сумеречный ветер губами касался кожи.
Вы читали мне туманные строки Северянина
И говорили, что вы с ним во многом похожи.

И, горечь одиночества подтверждая жестами,
Целовали туфельки у моей расплывчатой тени.
Вы молили отзвука души моей божественной,
А не отклика моего божественного тела.

Замки вашей любви предо мною высились
И ворота распахивали победительнице на милость.
А когда я сказала, что у меня сифилис —
Вы икнули, как Северянину и не снилось.

4 апреля 1985, Москва

Беременность

Эринии по всей земле
Вонзали жала...
Пятно лежало на семье,
Пятно лежало.

Не то что поперёк стихий,
Совсем не то что.
А просто дети — как стихи.
Вначале — тошно.

Потом — со всех сторон гроза,
Не сдайся, горбясь —
Круглеет прямо на глазах
Девичий корпус.

Неси судьбу свою, кряхтя,
Иное — пена,
Пока прекрасное дитя
Из чрева плена

Не появилось наконец,
Гнёт дней нарушив...
И тут смягчаются отец
И мать-старушка,

И тот, который, словно гад,
Мгновенно бросил,
Он возвращается назад,
Прощенья просит...

И всё прекрасно, всё в струе,
В законах жанра...
Пятно лежало на семье.
Пятно лежало.

30 ноября 1995, Москва

259

Детское

Старший брат решил жениться,
Прямо сказка наяву.
У него душа-девица
Есть. Наташею зовут.
Не видал я женщин краше
Этой братовой Наташи.
Вся она одета клёво,
Словно Алла Пугачёва,
И глаза у ней под чёлкой
Цвета краски самой чёрной.

Я гляжу в дверную щёлку,
Выдыхаю через нос:
Брат её целует в щёку
И букет ей дарит роз.
Ну а после в свой черёд
Её на руки берёт,
Вниз по лестнице несёт
И, наверно, в цирк везёт.

Я же сразу спать ложусь,
Только в зеркало гляжусь,
Перед тем, как спать ложиться —
Не дорос ли я жениться?
Ведь сказала мама мне:
Дети все растут во сне.

Вот я вырасту, как брат —
И женюсь на всех подряд:
На Оксане и на Вале,
Что тетрадку мне порвали...
И на Галке Фирсовой —
Чтоб давала — списывать.
Буду им цветы дарить,
Комплименты говорить.

Хорошо жениться, если
Твёрдо знаешь, что с женой
Мужу надо делать вместе
В будний день и в выходной:
В цирк водить и на каток,
И держать под локоток.

А пока я не дорос
Мужем стать из мальчика —
Подарю я маме роз
Или одуванчиков.
Может, папа-паразит
Хоть чего сообразит...

7 мая 1994, Москва

Современные сказки

1.
Третий раз засунул дед невод
И поймал золотую рыбку.
Рыбка взвыла — это не повод!
А не хочешь ли, старый, в репку?

Дед обиделся — зря ты так вот...
Да пошла ты, селёдка, в попку!

И пошла золотая рыбка.
Деловито пошла, не робко.
Рыбака не дождётся бабка...
Жизнь — ошибка и нервотрёпка.

2.
Первый раз приладил дед провод —
Оборвался провод двужильный.

Второй раз приладил дед провод —
Развязался узел рыбацкий.

Третий раз приладил дед провод —
Обломился крючок булатный.

Дурачина ты, простофиля,
Будешь жить с постылою бабкой...
Нам такое выпало время,
Эй, мужчина, не будьте тряпкой!

январь – февраль 2001,
Вашингтон – Нью Йорк

***

Заветный час настал, дневной пожар померк,
Как море, за окном лились, шумели ветки,
И в комнату мою вошёл старик Гомер
И поселился в ней, наверное, навеки.

В архивной суете, рутине и пыли
Сумел я различить сквозь весь славянский ладан
Торжественость и боль оливковой земли —
От подвигов и снов пьянеющей Эллады.

Какая связь времён? И кем она дана
Мне, временем своим рождённому влюблённо?
Но вновь стучит в окно Эгейская волна,
Но вновь зовёт труба под стены Илиона.

21 мая 1984, Москва

Содержание

Содержание

Содержание

Содержание

Содержание

Аркадий Дубинчик. Уйду в иные времена
(некоторые стихотворения 1980–2010). 268 с., с илл.

Arkadi Doubintchik.
Ujdu v Inye Vremena (I'll Get Away to Other Times).
Poetry book.
Copyright © 2014 by the author. All rights reserved

ISBN: 979-8-9858179-9-7
Library of Congress Control Number: 2014935016

www.ingramcontent.com/pod-product-compliance
Lightning Source LLC
Chambersburg PA
CBHW060908120626
46553CB00001B/253